WESTEND

Wolfgang Kubicki

Meinungs(un)freiheit

Das gefährliche Spiel mit der Demokratie

WESTEND

Mehr über unsere Autoren und Bücher:
www.westendverlag.de

Die Deutsche Nationalbibliothek verzeichnet diese Publikation
in der Deutschen Nationalbibliografie; detaillierte bibliografische
Daten sind im Internet über http://dnb.d-nb.de abrufbar.

Das Werk einschließlich aller seiner Teile ist urheberrechtlich
geschützt. Jede Verwertung ist ohne Zustimmung des Verlags
unzulässig. Das gilt insbesondere für Vervielfältigungen,
Übersetzungen, Mikroverfilmungen und die Einspeicherung
und Verarbeitung in elektronischen Systemen.

2. Auflage 2020
ISBN 978-3-86489-293-6
© Westend Verlag GmbH, Frankfurt/Main 2020
Umschlag: Buchgut, Berlin
Fotograf: Tobias Koch
Satz: Publikations Atelier, Dreieich
Druck und Bindung: CPI – Clausen & Bosse, Leck
Printed in Germany

Inhalt

Einleitung 9

Die rechtliche Dimension 13

    Warum Meinungsfreiheit? 13
    Nicht nur Recht, auch Pflicht 16
    Keine institutionelle Zensur 18
    Was man darf und was man lieber nicht tun sollte 20
    Verbotene Wörter und solche im Grenzbereich 24
    Problemlösung durch Zensur? 26
    Mehr Demokratie wagen 28

Die mediale Dimension 31

    Der Wert der Pressefreiheit 31
    Pressefreiheit gleich Presseverantwortung? 34
    Der Bedeutungsverlust der klassischen Medien 36
    Gilt noch »Sagen, was ist«? 38
    Lebensgefühl und Entfremdung 42
    Weniger Hysterie, bitte! 46
    Was kommt nach der absoluten Eskalation? 51

Talkshows als Hochamt der Meinungsfreiheit? 54
Die sozialen Medien – und Schluss 58

Die gesellschaftliche Dimension 63

Das Gift von rechts und unser Gegengift 63
Die gefährliche Übergriffigkeit der politischen Mitte 69
Sprachpolizeiliche Maßnahmen 73
Freiheit der Kunst versus Narrenfreiheit der Moralisten .. 79
Moral und ihre Wirkung 83
Wer spaltet? 88
Einfalt, Vielfalt und Vielfalt 91
Rechte Angriffe von links 96
Das Ende der Mitmenschlichkeit? 100
Scheiterhaufen, Sippenhaft und der Wunsch,
wieder umzudenken 103
Überempfindlichkeit schadet der Meinungsfreiheit 106
Die Sehnsucht nach dem Autoritären
und nach Heilsgestalten 108
Wege aus der Verkrampfung 111
Mehr Unsicherheit wagen! 114

Die Verletzlichkeit der Meinungsfreiheit 117

Das Problem der Faktenleugnung und
der mangelnden Differenzierung 117
Klima der Angst 122
Zwang zur Konformität 126
Das Problem der Gewalt 130

Die politische Arena 133

  Unsere Debattenkultur ist stilbildend 133
  Die Stärken des Systems 136

Die fortwährende Aufgabe der Demokraten 139

Nachwort 143

Anmerkungen 145

Einleitung

Im Mai 2019 überraschte das Institut für Demoskopie Allensbach die deutsche Öffentlichkeit mit einer Umfrage. Bei bestimmten politischen Problemfragen, so fanden die Meinungsforscher heraus, hatten bis zu 71 Prozent der Deutschen Vorbehalte, ihre Meinung frei und offen zu vertreten.[1] Die Furcht war bei einer überwältigenden Mehrheit offenbar groß, dass die Äußerung der eigenen Ansicht Nachteile im persönlichen Umfeld bringen könnte.

Für eine Demokratie, die vom Widerstreit der Meinungen lebt, ist diese hohe Zahl an Schweigenden alarmierend. Können wir die Vielfalt der Stimmen nicht mehr einfangen, weil sich eine nennenswerte Anzahl an Bürgerinnen und Bürgern selbst entmündigt und in die zurückgezogene Innerlichkeit begibt, verliert unsere Demokratie nicht nur ihre gesellschaftliche Integrationskraft, sondern – ganz allgemein – ihre Grundlage. Sollte diese Entwicklung fortschreiten, müssen wir befürchten, dass sich immer stärker parallele Teilöffentlichkeiten ausbilden, weil sich viele Menschen ausschließlich mit Gleichgesinnten in digitalen Blasen zusammenfinden. Dann droht uns, dass der gesellschaftliche Zusammenhalt schwindet und die Spaltung im Gegenzug stärker wird.

Diese Gefahr für die Demokratie ist nicht nur in Deutschland virulent. Rund 150 internationale Künstler, Intellektuelle und Wissenschaftler wandten sich im Juli 2020 mit ihrer Sorge an die Öffentlichkeit. Die Unterzeichner um J.K. Rowling, Daniel Kehlmann, Salman Rushdie und Francis Fukuyama schrieben in einem offenen Brief über die Gegenwart und Zukunft der westlichen Demokratien und beklagten eine weitverbreitete »Atmosphäre von Zensur«. Mittlerweile würden »die Grenzen dessen, was ohne Androhung von Repressalien gesagt werden darf, immer enger gezogen«.[2] Der Kabarettist Dieter Nuhr wurde im August 2020 Opfer der sogenannten »Cancel Culture«, als man seine Stellungnahme über den Wert und das Wesen der Forschung zwischenzeitlich von der Internetseite der Deutschen Forschungsgemeinschaft (DFG) entfernte. Nicht *was* er gesagt hatte löste den Shitstorm aus, sondern die bloße Tatsache, dass *er* es gesagt hatte. Wenige Tage später wurde ein Auftritt seiner Kollegin Lisa Eckhart in Hamburg abgesagt, weil sich linke Gewalttäter von ihrem kontroversen Programm provoziert fühlen könnten. Der Rechtsstaat zeigte sich außerstande, die Freiheit der Kunst vor Antidemokraten zu schützen.

Insgesamt ist eine ausgeprägte Tendenz zur Moralisierung der Debatte erkennbar, die viele Menschen abschreckt. Haltungsfragen werden diskutiert, also die Auseinandersetzung darüber, ob sich jemand weltanschaulich noch auf der »richtigen« Seite befindet oder ob er stattdessen eine soziale Ächtung verdient hat. Häufig legt sich auch im Bereich des Politischen eine Last der Intoleranz auf die Debatte, dass wir uns beunruhigt fragen müssen, ob es so auf Dauer bei uns noch friedlich bleiben wird.

Ich finde: Es muss. Und deshalb ist es unsere höchste Aufgabe und Pflicht, dass wir uns der Stärken unserer freiheitlichen Demokratie wieder besinnen. Dass wir mit Herz und Leidenschaft für unsere Anliegen einstehen. Immer mit dem Anspruch, dass wir dem Mitdiskutanten ausreichend Raum bieten, ihm am Ende immer in die Augen sehen und die Hand reichen können. Dass wir die Liebe zum Streit wieder neu entdecken, ohne Niedertracht und Bosheit gegenüber dem Kontrahenten, sondern auf Augenhöhe und mit Respekt.

Wir brauchen den gemeinsamen Streit über den besseren Weg. Setzen wir die Regeln des streitbaren Miteinanders außer Kraft, weil uns die Auseinandersetzung als zu anstrengend oder fruchtlos erscheint, dann geben wir auch die Ambition auf, am Ende die beste Lösung zu erhalten. Die beste Lösung für alle ist nämlich in den seltensten Fällen diejenige, die man allein zu Hause ersonnen, sondern eher die, die sich im Diskussionsprozess mit anderen entwickelt hat.

Ich will mich in diesem Buch der Frage widmen, woher dieses Gefühl der Meinungs*un*freiheit eigentlich kommt, das derzeit viele Menschen teilen. Welche Fehler in Politik, Gesellschaft und Medien der letzten Jahre sind dafür verantwortlich? Was können wir tun, damit Meinungsfreiheit wieder als Triebfeder für produktiven und konstruktiven Streit verstanden wird? Wie können wir bewirken, dass man die Worte seines Gegenübers zwar ernst nimmt, aber nicht zwingend einzeln auf die Goldwaage legt?

Meinungsfreiheit kann nur bestehen, wenn die allseitige Bereitschaft vorhanden ist, anderen zuzuhören. Dies ist nur im Geist der Toleranz, Pluralität und Humanität möglich. Und ohne den bis zum Bersten aufgeblasenen moralischen Zeigefinger. Fehlt diese menschliche Offenheit gegenüber anderen Meinungen, dann fehlt auch die Voraussetzung dafür, dass es bei uns friedlich bleibt und wir unsere Freiheit bewahren können. Insofern haben wir keine bessere Wahl.

Die rechtliche Dimension

Warum Meinungsfreiheit?

In seinem lesenswerten Buch *Meinungsfreiheit! Demokratie für Fortgeschrittene* schreibt der *Spiegel*-Bestseller-Autor Volker Kitz: »Demokratie ist mehr als Rechthaben.«[1] Dieser Satz ist richtig. Im Bereich der Meinungsfreiheit gilt ferner: Zwischen *Rechthaberei* und *Recht haben* gibt es entscheidende Unterschiede. Klugscheißer liegen schließlich auch manchmal falsch. Und ob man am Ende auch noch *Recht bekommt*, ist wiederum eine ganz andere Frage.

Dass es mitunter schwierig sein kann, das juristische »Recht haben« und »Recht bekommen« einem unbefangenen, aber interessierten Dritten zu erklären, liegt auf der Hand. Der Graubereich zwischen zulässigen und unzulässigen Meinungsäußerungen ist reichlich unübersichtlich. Eine Vielzahl von Entscheidungen des Bundesverfassungsgerichtes, die vorhergehende Gerichtsurteile aufhoben, legt die Vermutung nahe, dass auch unter Fachleuten eine große Unklarheit herrscht.

Darf man Soldaten als »Mörder« bezeichnen? Kann man einen umstrittenen bayerischen Ministerpräsidenten einen »Zwangsdemokraten« nennen? Ist es erlaubt, eine bekannte Politikerin der Grünen auf einer Social-Media-Plattform eine »Drecksf****«,

»Schl****« und »Stück Sch****« zu schelten?* Zu allen diesen Äußerungen gab es unterschiedliche juristische Auffassungen; die ersten beiden wurden höchstrichterlich als verfassungsrechtlich zulässig erklärt.

Bevor weitere Unklarheiten entstehen: Viele Fälle sind juristisch unbestritten. Klar ist, die Karlsruher Richter haben in der Vergangenheit sehr häufig der Freiheit der Meinungsäußerung den Vorrang vor anderen schutzwürdigen Interessen gegeben. Und völlig außer Frage steht auch, dass es für die rechtliche Bewertung entscheidend ist, wer, wann, wie und warum jemand etwas sagt. Doch dazu später mehr.

Wenden wir uns zunächst der Frage zu, warum wir eigentlich Meinungsfreiheit brauchen. Die Schöpferinnen und Schöpfer des Grundgesetzes sahen Artikel 5 zunächst als ein Abwehrrecht des einzelnen Bürgers gegenüber dem Staat. Dass sich die deutsche Regierung in der Vergangenheit unter anderem durch Zensur und Beschränkungen der Meinungsfreiheit Geltung verschafft hatte, war den Beteiligten bei den Beratungen des Parlamentarischen Rates 1948/49 noch sehr gut in Erinnerung. Damit sich der freiheitlich-demokratische Gedanke entfalten konnte, musste der westdeutsche Staat in Sachen Meinungsfreiheit begrenzt werden. Dies sollte vor allem Absatz 1 gewährleisten:

> Jeder hat das Recht, seine Meinung in Wort, Schrift und Bild frei zu äußern und zu verbreiten und sich aus allgemein zugänglichen Quellen ungehindert zu unterrichten. Die Pressefreiheit und die Freiheit der Berichterstattung durch Rundfunk und Film werden gewährleistet. Eine Zensur findet nicht statt.

Der dahinterstehende Gedanke war: Nur wenn Meinungen im Zweifel auch hart aufeinanderprallen können, entsteht erst die Grundlage dafür, dass alle Seiten Gehör finden und niemand ausgegrenzt wird.

---

* Der genaue Wortlaut dieser und weiterer Geschmacklosigkeiten, die in diesem Buch zitiert werden, dürfte sich erschließen.

Dann entscheidet nicht nur die Mehrheit, sondern auch jede Minderheit vermag ihren Beitrag zum Gemeinwesen zu leisten. Nur durch Rede und Gegenrede werde dem gesellschaftlichen und dem politischen Fortschritt wirklich gedient, weil jede scharfe Antwort auch wieder eine Schärfung der eigenen Argumente mit sich bringt. Und nur durch den geordneten und regelbasierten Streit könne dem Extremismus wirkungsvoll der Nährboden entzogen werden.

Im NPD-Urteil aus dem Jahre 2017 hat das Bundesverfassungsgericht diesen Gedanken sehr treffend zusammengefasst:

> Das Grundgesetz geht davon aus, dass nur die ständige geistige Auseinandersetzung zwischen den einander begegnenden sozialen Kräften und Interessen, den politischen Ideen und damit auch den sie vertretenden Parteien der richtige Weg zur Bildung des Staatswillens ist. Es vertraut auf die Kraft dieser Auseinandersetzung als wirksamste Waffe auch gegen die Verbreitung totalitärer und menschenverachtender Ideologien.[2]

Der »Staatswillen« bildet sich demnach in einem gemeinsamen Prozess. Alle Bürgerinnen und Bürger sind im Sinne unserer Demokratie aufgerufen, sich an diesem Prozess mit ihrer Stimme zu beteiligen. Das kann ganz klassisch bei Wahlen geschehen, aber auch durch Leserbriefe, Handzettel, auf sozialen Netzwerken, in der Kneipe, bei Demonstrationen oder durch die freie Rede in der Öffentlichkeit. Und wer bei diesem Prozess nicht mitmacht, darf nicht davon ausgehen, dass seine Interessen am Ende auch wirklich berücksichtigt werden.

Wenn sich nun über zwei Drittel der Bundesbürger nicht mehr trauen, ihre Meinung zu jedem Thema öffentlich zu sagen, stehen wir vor einem Demokratieproblem. Denn die Demokratie lebt von der Beteiligung ihrer Bürger.

Bevor wir uns jetzt aber in Schreckensszenarien verlieren, formulieren wir es lieber positiv: Weil das Grundgesetz dazu einlädt, uns an diesem Prozess zu beteiligen, werden wir alle auch zu potenziellen Verteidigern der Demokratie. Die Meinungsfreiheit ist das Mittel, das uns allen die Teilhabe am demokratischen Prozess ermöglicht. Deshalb ist sie für die freiheitlich-demokratische Staatsform »schlechthin konstituierend«, das »Lebenselement« der Demokratie und »in gewissem Sinn die Grundlage jeder Freiheit überhaupt« – wie die Karlsruher Richter im berühmten Lüth-Urteil von 1958 feststellten.[3]

Nun könnte man sagen: Mehr Bedeutung geht wohl nicht. Das stimmt auch. Deshalb ist die Auseinandersetzung mit der Frage, wie wir in Zukunft leben wollen, untrennbar mit der Ausgestaltung der Meinungsfreiheit in unserem Lande verknüpft.

Sicher, ständiger Streit und Ringen um bessere Argumente sind anstrengend. Wenn wir aber unsere Freiheit behalten wollen, dann müssen wir möglichst alle aktiv werden. Halten wir die Diskussion über eine bessere Zukunft nicht am Leben, stirbt die Demokratie – und damit die Grundlage unserer Freiheit.

Nicht nur Recht, auch Pflicht

In jeder Gesellschaft gibt es Streit. Selbst in den besten Familien sollen manchmal Unstimmigkeiten über das Abendessen, die angeblich viel zu kurzen Röcke der Tochter oder die Bildschirmzeit des Sohnes herrschen. Deshalb müssen Konfliktthemen ausgesprochen, diskutiert und idealerweise einer Lösung zugeführt werden – in der Familie genauso wie in der Gesellschaft. Konflikte unausgesprochen liegen zu lassen, führt am Ende dazu, dass sich eine Seite nicht wahr- oder ernstgenommen fühlt und entweder mit lautem Knall rebelliert oder sich still und leise abkapselt.

Um die Ausgrenzung bestimmter Gruppen zu vermeiden, regelt und »kanalisiert« man den Streit in einer Demokratie. Das heißt, dass es geordnete Bahnen gibt, in denen die Interessensgegensätze friedlich und verträglich gelöst werden sollen. In der Demokratie ist deshalb der Weg zum Ziel mindestens genauso wichtig wie das Ziel selbst. Denn schon die bloße Möglichkeit, seine Forderungen in einen Diskussionsprozess einbringen zu können, wirkt integrierend und friedensstiftend.

Der Deutsche Bundestag, wie auch die Länder- und Kommunalparlamente sollen nach diesem Prinzip funktionieren. Das erfordert von den Abgeordneten, dass sie sich mit den Interessen, Ideen und Forderungen der anderen auseinandersetzen. Dazu dient zum Beispiel die Plenardebatte. Weil der Weg schon ein Ziel ist, darf der Weg niemals abgekürzt werden, indem man politische Anschauungen und Parteien pauschal diskreditiert und ignoriert.

Demokratie kann nur funktionieren, wenn alle Beteiligten nicht nur senden, sondern hin und wieder auch einmal empfangen. Wir werden schließlich auch nicht weiser, wenn wir uns ausschließlich mit unseren eigenen Gedanken beschäftigen. Ein neuer Impuls von außen kann die eigenen Ideen entscheidend voranbringen.

Wir müssen die Positionen von Parteien am jeweiligen Ende des politischen Spektrums, wie der AfD oder der Linkspartei, nicht teilen oder gutheißen. Wir dürfen ihre Forderungen aber nicht deshalb unbesehen abqualifizieren, *weil* sie von der AfD oder der Linkspartei kommen. Denn es ist deren demokratische Pflicht, sich am öffentlichen Diskurs zu beteiligen. Dafür wurden sie gewählt – die AfD zum Beispiel von vielen, die mit der Flüchtlingspolitik der Bundesregierung unzufrieden waren. Aber – und das darf man nicht kleinreden – auch von vielen Spinnern, Reichsbürgern, Monarchiefreunden und Ausländerfeinden.

Trotzdem gilt: Grenzen wir politische Gruppierungen in den Parlamenten pauschal aus, verwehren wir auch deren Wählerinnen und Wählern pauschal ihre Teilhabe am demokratischen Prozess. Der inklusive Gedanke des Grundgesetzes wird damit zur Makulatur. In diesem Sinne sollten wir stets selbstkritisch bleiben: Die Spalter sind nicht immer die anderen.

Unsere Pflicht als Demokraten ist es also, immer genau hinzuhören, was das Gegenüber sagt und fordert. Manchmal darf man diese Forderungen völlig zu Recht als unsinnig zurückweisen. Um eine Forderung aber zurückweisen zu können, muss man sie zunächst auch kennen.

Keine institutionelle Zensur

Die Tatsache, dass viele Stimmen in die »Bildung des Staatswillens« eingebunden sind, hat auch noch einen anderen Hintergrund. Keine politische Gruppierung kann für sich in Anspruch nehmen, allein für das Volk zu sprechen. Das Grundgesetz möchte uns dankenswerterweise vor Anmaßung bewahren.

Dass sich dies noch nicht überall herumgesprochen hat, ist bedauerlich. Gerade bei der AfD im Deutschen Bundestag ist der Anspruch, dass ihre Meinungsäußerungen Allgemeingültigkeit besitzen, verbreitet.

Im Februar 2018 debattierte der Bundestag über einen Antrag der AfD-Fraktion. Das Parlament sollte feststellen, ob die Bundesregierung den kurz zuvor aus türkischer Gefangenschaft freigelassenen *Welt*-Journalisten Deniz Yücel sonderbehandelt habe. Diesen Angriff auf die Regierung wollte die AfD aber eigentlich dafür nutzen, um Yücel persönlich zu attackieren. Dieser hatte in einem satirischen Zeitungsbeitrag über Thilo Sarrazins Buch *Deutschland schafft sich ab* unter anderem geschrieben: »Der baldige Abgang der Deutschen […] ist Völkersterben von seiner schönsten Seite.«[4] Der Antrag der AfD war formal zulässig, gleichzeitig aber intellektuell ziemlich erbärmlich und widersprüchlich. Er konnte argumentativ leicht aus den Angeln gehoben werden – was in der Debatte auch geschah.[5]

Während meiner Rede erhob sich der AfD-Abgeordnete Thomas Ehrhorn zu einer Zwischenbemerkung. Er beklagte den Umstand, »dass es in diesem Hohen Hause scheinbar [er meinte wohl

›anscheinend‹, Anm. d. Verf.] nicht mehr möglich ist, Äußerungen, die direkt oder indirekt den Volkstod unseres Volkes verlangen, zu rügen«. Und er fragte mich, ob ich nicht auch gemeinsam mit ihm der Meinung sei, »dass das für dieses Hohe Haus ein wirklich erbärmliches Schauspiel ist«. Das Protokoll vermerkt anschließend Beifall bei Abgeordneten der AfD.

Ich antwortete, dass niemand ihn oder die AfD-Fraktion daran gehindert habe, im Bundestag Reden zu halten und zu rügen, was sie für rügenswert halten – »Aber Sie haben keinen Anspruch darauf, dass irgendein anderer Abgeordneter Ihrer Auffassung folgt. Das sieht die Verfassung nicht vor, und das werden wir auch nicht tun.«

Tatsächlich wurde noch nie ein Abgeordneter im Deutschen Bundestag absichtsvoll daran gehindert, etwas Rechtskonformes zu sagen. Es wurde übrigens auch noch nie ein Abgeordneter im Plenum davon abgehalten, etwas dummes Rechtskonformes zu sagen. Aber es ist die Pflicht des amtierenden Präsidenten, bei rechtswidrigen Äußerungen einzuschreiten und dies gegebenenfalls zu sanktionieren. Das geschieht auch regelmäßig. Wer sich zu Unrecht mit einer Ordnungsmaßnahme belegt sieht, kann hiergegen gerichtlich vorgehen.

Diese kleine Episode aus dem Parlamentsalltag zeigt, dass die AfD ein besonderes, anmaßendes Verhältnis zur Meinungsfreiheit hat. Die hinter den Ausführungen des Kollegen Ehrhorn stehende Idee, es würden Meinungen im Deutschen Bundestag systematisch unterdrückt, ist ziemlich hanebüchen und entbehrt jeder Grundlage. Vielmehr wird hierdurch das politische Anspruchsdenken der AfD erkennbar: Die AfD erhebt Anspruch auf die widerspruchslose Verkündung *der* Wahrheit im Bundestag. Die Meinungsfreiheit müsse folglich der AfD-Linie unterworfen werden, sonst sei es keine Meinungsfreiheit.

Wie gesagt – intellektuell erbärmlich.

Was man darf und was man lieber nicht tun sollte

Wer glaubt, dass sich Meinungsäußerungen immer an Tatsachen halten müssen, irrt. Ob man nun wirklich meint, was man sagt, ist nicht einmal vom Bundesverfassungsgericht überprüfbar. Schließlich gilt: »Die Gedanken sind frei, […] kein Mensch kann sie wissen, kein Jäger erschießen.« Man könnte morgen um 15.00 Uhr öffentlich erklären, die Bundesregierung sei die schlechteste seit Menschengedenken – und um 15.05 Uhr das genaue Gegenteil. Verfassungsrechtlich gibt es in dieser Frage überhaupt kein Problem. Eher wird sich das persönliche Umfeld nach einiger Zeit fragen, ob man noch alle Latten am Zaun hat.

Die Spreizung zwischen Wahrheit und Meinung sollte jedoch nicht zu weit gehen. Denn eine unwahre Tatsachenbehauptung kann wiederum strafrechtlich relevant werden. Das Grundrecht der Meinungsfreiheit tritt dann hinter das Persönlichkeitsrecht zurück. Würde ich jetzt zum Beispiel öffentlich behaupten, ein bestimmter Herr verbringe seine freien Abende nicht regelmäßig züchtig im Kreise seiner ihn liebenden Familie, sondern unregelmäßig unzüchtig in städtischen Bordellen, dann sollte dies idealerweise auch stimmen. Hierbei handelt es sich nicht um eine geschützte Meinungsäußerung. Produzenten von Fake News sollten also gewarnt sein.

Es ist im Sinne der Meinungsfreiheit, dass Sachverhalte zugespitzt, polemisch und auch mit Übertreibungen kritisiert werden dürfen. Schließlich geht es darum, eine Wirkung im Meinungskampf erzielen zu können. Es muss also möglich sein, mit Originalität, Humor, Boshaftigkeit und zum Teil sogar Beleidigungen seinen Beitrag zur öffentlichen Meinungsbildung zu leisten. Letztere sind daher zu einem gewissen Grad erlaubt, sofern sie als Vehikel zur Kritik an einem Sachverhalt genutzt werden. Steht eine Persönlichkeitsverletzung jedoch im Vordergrund der Kritik, genießt die Äußerung keinen verfassungsrechtlichen Schutz.

Dass dies manchmal schwierig auseinanderzuhalten ist, zeigt folgendes Beispiel: Im November 2011 demonstrierten in Köln Mitglieder einer rechten Gruppierung. Wie so häufig bot dies Anlass für mehrere Gegendemonstrationen. Auf einer davon hielt sich auch der grüne Bundestagsabgeordnete Volker Beck auf, der – so stellte es das Kölner Landgericht später fest – die Durchführung des rechten Aufzuges aktiv verhindern wollte. Er informierte sich bei den Polizisten vor Ort und riet den Gegendemonstranten, die Blockade aufrechtzuerhalten. Außerdem bezeichnete er die Demonstranten als »braune Truppe« und »rechtsextreme Idioten«. So weit, so normal.

Nachdem der Versammlungsleiter des rechten Aufzuges Beck jedoch erkannt hatte, wurde aus der Sache ein Fall für die Gerichte. Der Versammlungsleiter äußerte sich in seiner Verärgerung nun wie folgt (Grammatikfehler inklusive):

> Ich sehe hier einen aufgeregten grünen Bundestagsabgeordneten, der Kommandos gibt, der sich hier als Obergauleiter der SA-Horden, die er hier auffordert. Das sind die Kinder von Adolf Hitler. Das ist dieselbe Ideologie, die haben genauso angefangen.

Ausgerechnet von einem Rechten als Nazi bezeichnet zu werden, war für Beck des Guten zu viel. Er stellte Strafantrag wegen Beleidigung. Das Amtsgericht, das Landgericht und das Oberlandesgericht in Köln gaben ihm Recht. Sie befanden die NS-Analogien für Schmähkritik, weshalb das Recht auf Meinungsfreiheit hinter dem Ehrenschutz zurückzutreten habe. Das Bundesverfassungsgericht war jedoch anderer Ansicht und hob diese Entscheidungen schließlich auf. Demnach ging es dem Versammlungsleiter »nicht ausschließlich« um die persönliche Herabsetzung Becks. Der Begriff der Schmähkritik sei eng auszulegen, weil er grundsätzlich auf die Meinungsfreiheit einen verdrängenden Effekt ausübe. Schmähkritik liege vor, wenn die persönliche Kränkung das sachliche Anliegen »völlig in den Hintergrund« drängt.[6] Wir lernen also: Sogar einen Grünen könnte man einen »Obergauleiter der

SA-Horden« nennen, sofern ein gewisser Sachbezug erkennbar ist. Ich würde trotzdem davon abraten.

Ein weiteres Beispiel: Wenn man jemanden öffentlich als »durchgeknallt« beschimpft, ist im Regelfall mit einer strafrechtlichen Ahndung zu rechnen. Begründet man es aber gut genug, darf man gegebenenfalls sogar einen Staatsanwalt so bezeichnen. Dies hatte der *Zeit*-Herausgeber Michael Naumann in einer TV-Talkrunde getan. Er kritisierte im Zusammenhang mit den Drogenermittlungen gegen Michel Friedman, dass die Staatsanwaltschaft im Vorhinein mehrere Presseorgane informiert habe, »über einen Verdacht, den zu beweisen sie sich gerade erst bemüht«. Das Bundesverfassungsgericht sah zwar auch, dass Naumanns Äußerungen von »gewisser Schärfe« seien und »ehrverletzenden Charakter« hätten, die Grenze des Sagbaren sei aber nicht überschritten worden. Daher hoben die Karlsruher Richter die vorinstanzlichen Entscheidungen auf.[7] Der Staatsanwalt hatte zwar recht, dass seine Ehre verletzt worden war, Recht bekommen hat er am Ende trotzdem nicht.

Grundsätzlich gilt, je bekannter eine Persönlichkeit ist und je mehr sie im öffentlichen Rampenlicht steht, umso mehr muss sie ertragen können. Bei der Meinungsfreiheit handelt es sich schließlich um ein hohes Gut. Im öffentlichen Meinungskampf ist also fast alles erlaubt. Fast.

Dass es auch Gerichte gibt, die der Meinungsfreiheit *zu viel* Raum geben, musste die Grünen-Politikerin Renate Künast schmerzhaft erleben. Auf einer Social-Media-Plattform wurde sie im Zusammenhang mit einer Debatte über Pädophilie unter anderem als »Drecksf****«, »Schl****« und »Stück Sch****« bezeichnet. Diese Äußerungen erachtete das zuständige Berliner Landgericht zunächst sämtlich als zulässig, zum Teil aber als »haarscharf an der Grenze des noch Hinnehmbaren«.[8]

Nun kann man sich verständlicherweise die Frage stellen: Wenn *das* nicht verboten ist, was darf man dann eigentlich *nicht* mehr sagen? Hat Meinungsfreiheit überhaupt eine Grenze? Wie schlimm muss ein Wort sein, dass man es als Schmähkritik und Beleidigung anerkennt? Ich will jetzt keine weiteren Phantasien anregen – denn dankenswerterweise wurde diese Entscheidung durch das Landgericht selbst noch einmal revidiert. In 6 von 22 angezeigten Fällen hat es nachträglich doch unzulässige Meinungsäußerungen erkannt,[9] und das nächsthöhere Kammergericht gab Künast anschließend noch einmal bei 6 weiteren Äußerungen Recht.[10] Das Gute an diesen Entscheidungen ist das Signal, dass Meinungsfreiheit kein Freibrief für Beleidigungen ist.

Szenenwechsel: Im Herbst 2019 durfte ich auf Einladung des *Tagesspiegels* an einer Gesprächsrunde zum Thema »50 Jahre Bundeskanzler Willy Brandt« teilnehmen. In der anschließenden Fragerunde erhob sich ein Gast. Es war ein älterer Herr, SPD-Mitglied, sichtlich aufgebracht, der die Podiumsrunde fragte, ob man es zulassen dürfe, dass Willy Brandt im brandenburgischen Landtagswahlkampf von der AfD missbraucht werde. Die AfD hatte wenige Wochen zuvor auf Plakaten mit Brandts Konterfei und seinem berühmten Zitat »Mehr Demokratie wagen!« geworben. Der Gast wollte nun wissen, ob ein solches Vorgehen rechtlich zulässig sei. Denn schließlich werde der gute Name des ehemaligen Bundeskanzlers und NS-Verfolgten Brandt durch die Vereinnahmung von Rechtsextremen in den Schmutz gezogen. Ich teilte dem netten Herrn mit, dass ich zwar nicht wüsste, wie die Gerichte in diesem Falle urteilen werden, er dies aber wahrscheinlich – so sehr ich seine Empörung verstünde – würde hinnehmen müssen.

Ein noch deutlicherer Fall von parteipolitischer Vereinnahmung wurde bereits höchstrichterlich geklärt. Im Bremer Bürgerschaftswahlkampf des Jahres 1991 gab die rechtsextreme Deutsche Volksunion (DVU) eine Wahlbroschüre heraus, in der die Porträts einiger historischer Persönlichkeiten unter der Überschrift standen: »Auch sie würden DVU wählen«. Abgebildet waren Friedrich Engels sowie die Sozialdemokraten Kurt Schumacher, Friedrich Ebert und Wilhelm Kaisen, der ehemalige Bremer Bürgermeister. Daneben standen angeblich wörtliche Zitate, die den Abgebildeten zugeschrieben wurden.

Die Tochter Kaisens klagte nun gegen die fremde Vereinnahmung ihres Vaters, eines stolzen Sozialdemokraten und eine der Symbolfiguren des westdeutschen Wiederaufbaus. Dieser hätte nach ihrer Auffassung sicher niemals DVU gewählt. Zudem stammte das verwendete »Zitat« in dieser Form gar nicht von ihrem Vater. Dennoch entschied das Bundesverfassungsgericht in letzter Instanz, dass die DVU mit dieser Darstellung zwar die Regeln des politischen Anstands »eindeutig verletzt« habe, die Aussage der Menschenwürde Kaisens aber nichts anhaben könne. Es läge auf der Hand, dass alle dort aufgeführten Persönlichkeiten zu ihren Lebzeiten nie eine rechtsextreme Partei unterstützt oder gar gewählt hätten. So auch Kaisen.

Und nun folgte der gnadenlose Satz der Verfassungsrichter: »Die Verzerrung zu Wahlkampfzwecken wird offensichtlich.«[11] Übersetzt heißt das wohl so viel wie: Die Darstellung der DVU war unheimlich dämlich. Jedem vernünftigen Menschen musste auffallen, dass eine solche Vereinnahmung völliger Blödsinn ist und das eigentliche Anliegen karikiert.

Dass sich die AfD in Brandenburg 2019 mit ihrer Vereinnahmung Brandts ähnlich blamiert hatte, verdient in diesem Sinne keinen weiteren Kommentar. Diese Aktion war ernst gemeinter Empörung nicht würdig. Besser wäre Spott gewesen. Verhöhnen statt spalten.

Verbotene Wörter und solche im Grenzbereich

Je tiefer wir in die juristische Dimension der Meinungsfreiheit eindringen, desto eher könnte man den Eindruck gewinnen, dass der Wilde Westen gar nicht so weit entfernt liegt. Wenn man unter

Rückgriff auf dieses Grundrecht einen bayerischen Staatsminister als »ein ganz wunderbares Inzuchtsprodukt« bezeichnen darf, dann fällt es schwer, die eingangs angesprochene Tendenz zu erklären, in Deutschland könne man angeblich nicht mehr alles sagen. Hinzuzufügen sei der Vollständigkeit halber noch, dass besagter Innenminister, Joachim Herrmann von der CSU, den Entertainer Roberto Blanco zuvor einen »wunderbaren Neger« genannt hatte. Blanco selbst fand dies übrigens gar nicht beleidigend. Ein anderer, ein Anwalt mit ghanaischen Wurzeln, fuhr stattdessen die Retourkutsche gegen Herrmann.[12]

Allerdings gibt es sehr wohl Schmähbezeichnungen, bei denen man sich kaum mehr auf die Meinungsfreiheit herausreden kann. Das betrifft in erster Linie Begriffe aus der Fäkalsprache, aber auch die volle Breite abwertender Bezeichnungen für Ausländer, Homosexuelle oder Prostituierte gilt zu Recht als inakzeptabel. Während Tiernamen im privaten Bereich mitunter als anregend und erbaulich empfunden werden, sollte man Dritten gegenüber vorsichtiger sein: Ein locker herausgeschimpftes »Sie Hund!«, »Rindvieh!« oder »Sau!« könnte eine Anzeige wegen Beleidigung gemäß §185 StGB nach sich ziehen. Dabei macht es juristisch zunächst einmal keinen Unterschied, ob die Beleidigung in Richtung eines Vertreters staatlicher Gewalt ausgestoßen wird oder nicht. Im Gegensatz zum französischen Recht gibt es im deutschen nämlich keinen eigenen Straftatbestand der »Beamtenbeleidigung«.

Etwas erklärungsbedürftig verhält es sich mit den Bezeichnungen »Faschist« und »Nazi«. Wenn der bekannte Rechtsextremist und Ex-»Flügel«-Politiker Björn Höcke nach Auffassung des Meininger Verwaltungsgerichtes öffentlich als »Faschist« bezeichnet werden darf,[13] dann muss dies nicht automatisch für jeden vermeintlichen oder tatsächlichen »Rechten« gelten.

Schließlich gab Höcke zu dieser Einschätzung reichlich Anlass. Er forderte eine »erinnerungspolitische Wende um 180 Grad« und verkündete: »Ich will, dass Magdeburg und Deutschland nicht nur eine tausendjährige Vergangenheit haben. Ich will, dass sie auch noch eine tausendjährige Zukunft haben, und ich weiß, ihr wollt das auch.« Er erklärte außerdem, dass er es als schlimm empfinde, dass Deutschland den Weltkrieg verloren habe – die Liste ließe sich fortsetzen. Angesichts dieser Worte fällt es nicht schwer zu begründen, dass bei der Bezeichnung Höckes als »Faschist« nicht die Diffamierung der Person im Vordergrund steht, sondern die Sorge vor einer Wiederkehr der schrecklichsten Zeit deutscher Geschichte.

Es bedarf jedoch eines erheblichen Anstoßes, Menschen so betiteln zu dürfen. In einem Urteil des Amtsgerichtes Zwickau aus dem Jahre 2012 wurde einem Polizeibeamten Recht gegeben, der sich durch die Bezeichnungen »Nazi« und »Faschist« beleidigt gesehen hatte. Dies sei, so das Amtsgericht, »aufgrund der deutschen Geschichte« eine »der schlimmsten Beleidigungen, die man äußern kann«.[14] Auch den damaligen Unions-Kanzlerkandidaten Franz Josef Strauß durfte man Anfang der 1980er Jahre mit einer ähnlichen Begründung nicht mit Faschismus und Kriegstreiberei in Verbindung bringen.[15]

Jedem, dem diese Charakterisierungen vielleicht etwas zu locker auf der Zunge oder in den Tastaturfingern liegen sollten, empfehle ich zumindest eine vernünftige Begründung. Und im Zweifel einen guten Anwalt.

Problemlösung durch Zensur?

Ende des Jahres 2019 erregte ein Verfassungsgerichtsurteil aus Mecklenburg-Vorpommern die Gemüter. Ein AfD-Abgeordneter hatte gegen einen Ordnungsruf im Schweriner Parlament geklagt – und Recht bekommen. Die Landtagsvizepräsidentin Mignon Schwenke hatte die parlamentarische Verwendung des Begriffes »Neger« pauschal gerügt und wurde nun von den Greifswalder

Richtern eines Besseren belehrt. Der Ordnungsruf sei verfassungswidrig und verletze den Parlamentarier in seinem Rederecht. Ihr Fehler: Der Abgeordnete Nikolaus Kramer benutzte das Wort in dieser Debatte mehrfach, zum Teil auch um zu erklären, warum er »Neger« sage. Hätte die Landtagsvizepräsidentin aber erläutert, für welchen »Neger«-Ausruf Kramer genau belangt werde, wäre der Ordnungsruf unter Umständen korrekt gewesen. Die undifferenzierte Sanktion war also nicht zulässig.

Das Wort »Neger« werde »zwar nach heutigem Sprachgebrauch als abwertend verstanden«, so die Verfassungsrichter, ob es tatsächlich abwertend gemeint sei, könne man allerdings nur im Zusammenhang beurteilen: »Das Wort kann zitierend oder ironisch verwendet werden, oder es kann benutzt werden, um über das Wort, seine Verwendung und seine Verwendbarkeit zu sprechen.«[16] Mit anderen Worten: Es ist also Ausdruck einer offenen Meinungskultur in einer freiheitlichen Demokratie, das »N-Wort« zu benutzen, ohne eine staatliche Sanktion befürchten zu müssen. In diesem Lichte ist die Verwendung des Wortes verfassungsrechtlich geschützt – sofern es nicht abwertend geschieht. Wäre es anders, dürfte das Wort in diesem Buch übrigens nicht mehr stehen.

Aus diesem Grunde prallen Forderungen, das »N-Wort« gänzlich zu verbieten,[17] an unserer Verfassung ab. Es macht nämlich einen großen Unterschied, ob ich einen dunkelhäutigen Menschen abfällig als »Neger« bezeichne, öffentlich erkläre: »Ich schäme mich, dass man früher regelmäßig ›Neger‹ gesagt hat«, oder mich wissenschaftlich mit der Geschichte dieses Wortes auseinandersetze. Ein pauschales Verbot würde auch den Freiheitsraum von Nicht-Rassisten einschränken. Und das ist die überwältigende Mehrheit. Ein Begriff selbst kann nicht rassistisch sein. Die Verwendung eines Begriffes schon.

Mit einem schlichten Verbot von bestimmten Wörtern werden wir Rassismus leider nicht in den Griff bekommen. Wäre es so einfach, könnten wir all unsere gesellschaftlichen Probleme durch den Einsatz von Sprachzensur beheben. Vielmehr legen wir die

Axt an unsere freiheitlich-demokratische Grundordnung, wenn wir die Kraft der Argumente durch ein Verbot von Wörtern ersetzen wollen.

Oder, wie Roberto Blanco entspannt im Interview erklärte, als er auf die »Wunderbarer-Neger«-Äußerung Joachim Herrmanns angesprochen wurde: »Der Ton macht die Musik. Immer.«[18]

Mehr Demokratie wagen

In der Diskussion über Meinungsfreiheit dürfen wir niemals vergessen, dass unser Gegenüber ein Mensch ist, der eine schützenswerte Würde besitzt. So sehr wir uns über den anderen aufregen, so sehr wir jemanden wegen seiner Äußerungen und seines Verhaltens hassen und auf den Mond wünschen – die Würde des Menschen ist und bleibt unantastbar. Das gilt ausnahmslos für *jeden* Menschen, sogar für Mörder, Kinderschänder und politische Extremisten. Das Grundgesetz macht in dieser Frage ausdrücklich keinen Unterschied zwischen »guten« und »schlechten« Menschen. Das war eine der zentralen Lehren aus der staatlich organisierten Menschenverachtung des Dritten Reiches.

Weil dies so ist, wurde in das Grundgesetz eine sehr hohe Hürde für die Verwirkung von Grundrechten eingebaut. Artikel 18 besagt, dass ein Missbrauch – unter anderem der Meinungsfreiheit – im Kampf gegen die freiheitlich-demokratische Grundordnung zum Entzug der Grundrechte führen kann. Dies muss zwingend durch das Bundesverfassungsgericht geschehen. Tatsächlich ist eine solche Grundrechtsverwirkung in der Geschichte der Bundesrepublik Deutschland noch nie vorgekommen, obwohl es freilich einige Anläufe gab.

Vor diesem Hintergrund erscheint die Forderung des ehemaligen CDU-Generalsekretärs Peter Tauber aus dem Sommer 2019,

Verfassungsfeinden die Meinungsfreiheit zu entziehen,[19] nicht nur peinlich, sondern vor allem gefährlich. Denn Tauber erweckte den Eindruck, dass es eine politisch zu entscheidende Frage sei, wer Verfassungsfeind ist und wer nicht. Das ist es aber aus guten Gründen nicht. Wer diese Prämisse infrage stellt, stellt gleichzeitig die Gewaltenteilung infrage.

Die Mütter und Väter des Grundgesetzes wollten die Grundrechtsverwirkung nur als Ultima Ratio für den freiheitlich-demokratischen Rechtsstaat einsetzen. Denn unsere Verfassung geht davon aus, dass die freie und offene Debatte bereits der beste Schutz gegen extremistische und menschenverachtete Ideologien sei. Der Meinungsstreit mit dem Prinzip von Rede und Widerrede schützt uns also schon genug vor Größenwahn und Idiotie. Deshalb muss die Antwort auf Extremismus »Mehr Demokratie wagen« sein – und kein ängstliches Verschanzen hinter Verboten und Sanktionen.

Unser Grundgesetz will keine wertneutrale Ordnung darstellen. Mit den Grundrechten wird ein freiheitliches Gerüst vorgegeben, das von den Bürgerinnen und Bürgern mit Leben gefüllt werden muss. Ob dies in der vergangenen Zeit auch wirklich gelungen ist, werde ich in den kommenden Kapiteln beleuchten.

Die mediale Dimension

Der Wert der Pressefreiheit

Die Freiheit der Presse ist verfassungsrechtlich geschützt. Trotzdem war sie in der Bundesrepublik Deutschland seit 1949 einige Male wirklich bedroht, beispielsweise als die Hamburger Polizei Ende Oktober 1962 die Räume des *Spiegels* besetzte und mehrere Redakteure des Magazins verhaftete. Aber auch die behördlichen Durchsuchungen und Beschlagnahmen bei der Zeitschrift *Cicero* im Jahre 2005 griffen schmerzlich und illegal in dieses Grundrecht ein. Es war ein Sieg des Rechtsstaates, der Demokratie und der Freiheit, dass das Bundesverfassungsgericht der Exekutive in beiden Fällen die Grenzen aufzeigte.

Obwohl die Pressefreiheit in Deutschland durch staatliche Maßnahmen sicher nicht wirklich in Gefahr ist, können wir uns in Zeiten von »Lügenpresse«-Beschimpfungen und Bedrohungen von Journalisten durch rechte wie linke Extremisten allerdings nicht gemütlich zurücklehnen. Es ist nämlich in den vergangenen Jahren etwas ins Rutschen gekommen, und es ist nicht ohne Grund zu befürchten, dass diese schiefe Bahn immer schräger wird.

In den letzten Jahren mehren sich die Meldungen von gezielten und systematischen Einschüchterungsversuchen. Eine Massenanfrage der AfD-Bundestagsfraktion an die Bundesregierung, in wie vielen Fällen es seitens der Ministerien Korrekturbitten zu Presseberichterstattungen gegeben habe, ist hierfür ein Beispiel. Diese rund 200 Anfragen hatten keinerlei konkreten Anlass – und lieferten auch keinerlei Erkenntnisgewinn. Sie dienten ausschließlich dazu, die angeblichen »Systemmedien« zu diskreditieren und die demokratischen Prozesse verächtlich zu machen.

Die Einschüchterungen können aber noch deutlich tiefer gehen und persönlicher werden. Nach einer AfD-Kritik wurde der Journalist Hasnain Kazim von irren Pegidisten und rechten Hetzern mit schlimmsten Beleidigungen bis hin zu Morddrohungen übergossen. In einem solchen Fall hilft es nicht, wenn wir feststellen, die Pressefreiheit sei formell intakt. Denn der Rechtsstaat zeigte sich in seinem Fall erschreckend hilflos. Jede seiner Anzeigen verlief im Sand. Mal konnte der Verfasser nicht ermittelt werden, mal wurde erklärt, mehrere Nutzer hätten Zugang zum Rechner gehabt.

Er selbst hat in einem beeindruckenden Artikel für *Die Zeit* darüber geschrieben, wie er mit diesen Anfeindungen persönlich umgeht: Dass es irgendwann schwierig würde, Vernichtungsphantasien noch mit Humor zu begegnen, dass er seine Unbeschwertheit und die Freude an der offenen Debatte verloren und den Entschluss getroffen habe, keine öffentliche E-Mailadresse mehr zu besitzen, um keine Morddrohungen mehr zu erhalten.[1] Für unseren freiheitlichen Rechtsstaat sind diese Geschehnisse eine Schande.

Aber auch auf der linken Seite des politischen Spektrums gibt es totalitäre Anwandlungen gegenüber der Presse. Der *Welt*-Autor Don Alphonso erntete im Sommer 2020 nach einem kritischen Beitrag über die Recherche-Methoden der ARD-Sendung »Panorama« Beleidigungen und Gewaltdrohungen. Ein Twitter-User wünschte sich Alphonsos Youngtimer »im Tegernsee (mit ihm im Kofferraum)«.[2] Auf einer Demonstration für (!) die Pressefreiheit im Januar 2020 in Leipzig wurden einer Journalistin der *taz* aus der Menge Schläge angedroht. Ein Demonstrationsteilnehmer riss den Kameramann von Spiegel TV hinterrücks brutal um.³ Dort ausgestoßene Rufe wie »Scheißpresse, verpiss dich!« sind nicht mehr allzu weit von den rechten »Lügenpresse«-Parolen entfernt. Der heftige linksextreme Angriff auf ein Team des ZDF am 1. Mai 2020 war ein weiterer, trauriger Tiefpunkt.

Es geht politischen Extremisten an beiden Enden des Spektrums um das systematische Unterdrücken kritischer Stimmen – bis hin zu Auslöschungsdrohungen. Die Freiheit der Presse ist für unsere freiheitlich-demokratische Grundordnung jedoch konstitutiv. Jeder Angriff auf einen Journalisten muss daher auch als ein Angriff auf die Grundlagen unserer Freiheit angesehen werden. Wir müssen sicherlich nicht jeden Kommentar, jede Berichterstattung und jede mediale Darstellung gut finden. Im Gegenteil, wir sind aufgerufen, auch mit der Presseberichterstattung kritisch umzugehen und uns ein eigenes Bild zu machen. Ich teile auch vieles nicht, was ich in der Zeitung oder im Netz lese, im Radio höre und im Fernsehen sehe. Aber kritische Distanz ist das eine, die Überschreitung rechtlicher Grenzen etwas anderes.

Den Wert der Pressefreiheit für unser Gemeinwesen können wir kaum überschätzen. Sie ist als sogenannte »Vierte Gewalt« das Regulativ politischer wie behördlicher Entscheidungen, sie deckt gesellschaftliche Fehlentwicklungen und wirtschaftliche Skandale auf. Das Enthüllen von Missständen durch Journalisten hat in der Vergangenheit zu Rücktritten, politischen Machtverschiebungen, gesetzlichen Änderungen und gesellschaftlichen Wandlungsprozessen geführt. Ohne journalistische Kritik wären wir nicht dort, wo wir heute sind.

Es ist notwendig, dass wir uns alle dieser Tatsache stärker als bisher besinnen: Wir verteidigen die Pressefreiheit selber, im täglichen Leben. Dazu gehört, dass wir über die Stärkung des Rechtsstaates diskutieren, um Bedrohungen und Angriffe auf Journalisten möglichst effizient und schnell sanktionieren zu können. Denn wenn Kritiker nicht mehr in der Lage sind, sich freie Gedanken zu machen und diese auszusprechen, brechen unserer Freiheit und unserem Fortschrittsgeist die Fundamente weg. Und das bereitet den Totalitären den Boden.

Pressefreiheit gleich Presseverantwortung?

Wenn die Kontrolle der Mächtigen zur Aufgabe der Presse gehört, stellt sich unweigerlich die Frage, wer die Journalisten kontrolliert. Dass dies durchaus ein tiefergehendes Problem darstellen kann, hat der Relotius-Skandal beim *Spiegel* offenbart. Denn die Lügenmärchen des vielfach prämierten Journalisten Claas Relotius wurden erst durch den mutigen und hartnäckigen Einsatz seines Kollegen Juan Moreno ins Wanken gebracht. Es zeigte sich bei diesem Fall geradezu exemplarisch, dass die Freiheit der Presse nicht immer mit der nötigen Verantwortung der Pressevertreter einhergeht.

In diesem Fall gab es offenbar keine vernünftigen Kontrollmechanismen. Vielmehr ließen sich viele blenden, weil die Geschichten so gut komponiert waren und – im Falle des *Spiegels* – positive Effekte für das Image des Blattes versprachen. Es galt: »Story schlägt Fakten«. Für den Qualitätsjournalismus, den das Hamburger Nachrichtenmagazin für sich als Standard beanspruchte, war dieser Vorfall katastrophal. Der *Spiegel* hat seine Konsequenzen gezogen und sich in einem schmerzhaften Prozess neue, zeitgemäße Standards gegeben – die konstruktiv mit dem Scherbenhaufen umzugehen versuchen. Es wird aber dauern, bis verlorengegangenes Vertrauen wieder zurückgewonnen ist.

Die Freiheit der Berichterstattung geht äußerst weit, vergleichbar mit der Meinungsfreiheit. Trotzdem kamen und kommen auch hier Missbrauchsfälle bedauerlicherweise immer wieder vor. Für eine knallige Geschichte wirft man im Zweifel rechtsstaatliche Errungenschaften wie die Unschuldsvermutung über Bord. Mit der Folge, dass Menschen oftmals schon vor der Urteilsverkündung und entgegen ihrer Unschuld medial-moralisch aufs Schafott geführt werden. Die Reihe der Opfer kann sich sehen lassen: Andreas Türck, Jörg Kachelmann, Christian Wulff – um nur einige zu nennen. Nachdem erst einmal das mediale Vorurteil über sie ausgesprochen worden war, konnte keiner mehr von ihnen an sein voriges Leben anknüpfen.

Das Schlimmste hieran ist aber, dass dies immer und immer wieder geschieht. »Der« Journalismus lernt nicht aus solchen Vorkommnissen, auch weil der Einzelne keine Konsequenzen fürchten muss. Niemand übernimmt Verantwortung, wenn der journalistische Schwarm jemanden unverschuldet fertigmacht. Und niemand *will* diese Verantwortung übernehmen. Es scheint offenbar ein natürliches Lebensrisiko für Menschen zu sein, unverhofft vor die medialen Scharfrichter zu geraten. Wer von der Welle überschwappt wird, hat einfach Pech gehabt. Egal, ob er erhebliche finanzielle, berufliche oder persönliche Schäden erleiden musste. Und wenn sich der Sturm gelegt hat, wird über Anstand nicht mehr gesprochen.

Warum eigentlich nicht? Sollten nicht auch diejenigen ihr Verhältnis zu Anstand reflektieren, die ihn lautstark von anderen einfordern? Pressefreiheit ist schließlich nicht mit Narrenfreiheit zu verwechseln. Zur Zurückgewinnung des Vertrauens in diesen unruhigen Zeiten wäre deshalb mein Vorschlag, dass ein Fonds für mediale Rehabilitierung beim Deutschen Presserat eingerichtet wird. Auf freiwilliger Basis, versteht sich. Wir können schließlich niemanden zum Anstand zwingen. Es wäre jedoch ein starkes Zeichen zur Übernahme moralischer Verantwortung. Jeder, der aufgrund von falscher medialer Vorverurteilung einen erheblichen persönlichen Nachteil erlitten hat, würde dort eine Entschädigung verlangen. Denn die genannten Beispiele Türck, Kachelmann und Wulff zeigen, dass die presserechtlich vorgesehene Gegendarstellung und einzelne Klagen gegen Berichterstattungen den Gesamtschaden für den Betroffenen nicht wiedergutmachen können.

Der Bedeutungsverlust der klassischen Medien

Die CDU weiß, dass Karnevalsveranstaltungen dem Renommee der eigenen Spitzenkräfte gefährlich werden können. Annegret Kramp-Karrenbauer hat Anfang 2019 ihren Start als Parteivorsitzende der CDU nachhaltig vermasselt, als sie sich mit Unisex-Toilettenwitzen im wahrsten Sinne des Wortes einen Shitstorm einhandelte. Und Friedrich Merz wagte es ein Jahr später beim »Rittertalk« des Aachener Karnevalsvereins, die herkömmlichen Medien als »verzichtbar« zu bezeichnen. Wörtlich sagte er: »Wir brauchen die nicht mehr.« Die Begründung: Über eigene Social-Media-Kanäle könnten Politiker »ein Publikum erreichen, das teilweise die Öffentlich-Rechtlichen, auch die privaten institutionalisierten Medien nicht mehr erreichen.« Damit könnten die Politiker ihre eigenen Interessen wahrnehmen und ihre »Deutungshoheit auch […] behalten«. Und das sei »die gute Nachricht der Digitalisierung.«[4]

Der Deutsche Journalisten-Verband reagierte zwar erst wenige Wochen später, aber empört – und völlig überzogen. Sollte Merz Journalisten und Medien »als ›vierte Säule‹ des Staates aushebeln wollen«, müsse er mit Widerstand rechnen, so deren Vorsitzender Frank Überall. Im offenen Brief des DJV hieß es dann noch:

> Was für ein Verständnis von der Rolle der Medien im demokratischen Rechtsstaat haben Sie? Sehen Sie in uns Journalistinnen und Journalisten eine überflüssig gewordene Berufsgruppe? Glauben Sie ernsthaft, dass Videos, Tweets und Facebook-Postings als Informationsquellen der Bürgerinnen und Bürger ausreichen?[5]

Diese kleine Geschichte sagt viel über den Bedeutungsverlust der klassischen Medien aus. Zum einen wurden Merz die Worte im Mund verdreht – ausgerechnet von einem Journalistenverband. Merz hatte von einem »Aushebeln« gar nichts gesagt. Vielmehr hat er begrüßt, dass er selbst seine Öffentlichkeitsarbeit in die Hand nehmen kann und nicht auf Journalisten als Übermittler angewiesen ist. Vor allem in solchen Bereichen, in denen die Journalisten ohnehin schon nicht mehr durchdringen. Er stellte fest, dass es in Sachen öffentlicher Darstellung auf der Grundlage von Waffengleichheit einen Wettbewerb um die Deutungshoheit gebe – was die Arbeit von Journalisten aber nicht abqualifiziert. Zum anderen offenbart die überzogene Reaktion des DJV vor allem den Schmerz darüber, dass Friedrich Merz gar nicht so falschliegt. Der Bedeutungsverlust der klassischen Medien ist mit Händen zu greifen. Und hiermit geht auch das Privileg der öffentlichen Deutungshoheit verloren. Das tut natürlich weh.

Ich kann es aus eigener Anschauung bestätigen: Vor einigen Jahren war es noch so, dass die Pressestellen in Parteien und Parlamentsfraktionen vor Ehrfurcht erzitterten, wenn beispielsweise der *Spiegel*, die *Bild* oder der *Focus* mehrere kritische Fragen zu einem politischen Komplex gestellt hatten – mit Deadline zur Beantwortung, »heute 17 Uhr«. Die Berichterstattung im kommenden Blatt wurde mit ängstlicher Spannung erwartet. Und im Zweifel hatten die dargestellten Akteure mehrere Wochen an dieser Geschichte zu knabbern. Mittlerweile gibt es diese Wucht nicht mehr. Erscheint heute ein ungünstiger Artikel über mich, ist das in der Regel nach zwei Tagen vergessen. Das hat wohl damit zu tun, dass wir mit Skandalen und Schreckensnachrichten auf den unterschiedlichsten Kanälen geradezu bombardiert werden. Die Halbwertszeit von Skandalen ist enorm gesunken. Und das hängt damit zusammen, dass es so viele unterschiedliche Kanäle gibt. Je mehr Möglichkeiten wir haben, um uns zu informieren, umso geringer wird die Durchschlagskraft des einzelnen Mediums.

Die Informationsvielfalt bringt selbstverständlich Probleme für die Meinungsbildung mit sich. Denn dem Einzelnen fällt es immer schwerer, sich »ausreichend« und unabhängig über eine bestimmte Thematik zu informieren. Ist das, was wir auf *Business Insider*, Twitter oder YouTube lesen und sehen können, vertrauenswürdiger als die »Tagesschau«? Wer hilft uns, den absoluten Überfluss an Informationen sinnvoll zu filtern und einzuordnen? Die öffentlich-rechtlichen Rundfunkanstalten wollen genau dies leisten. In den Programmrichtlinien des Westdeutschen Rundfunks können wir zum Beispiel lesen: »Zuverlässige Orientierung in einer Flut von Informationen zu bieten, sehen wir als Kern öffentlich-rechtlichen Auftrags.«[6]

Doch damit endet dieser Auftrag heute wohl nicht. Mein Eindruck ist, dass Teile der klassischen Medien mittlerweile dazu übergehen, den Verlust der Deutungshoheit anderweitig zu kompensieren. Sie wollen nicht nur Informations-, sondern auch Lebensorientierung bieten.

Gilt noch »Sagen, was ist«?

Holen wir zunächst grundsätzlich aus. Rudolf Augstein, der Gründervater des immer noch wichtigsten Nachrichtenmagazins und Leitmediums *Der Spiegel*, prägte folgenden Satz, der auch in dessen Hamburger Zentrale an der Ericusspitze verewigt ist: »Sagen, was ist.« Diese drei Worte prangten dann auch nach dem Bekanntwerden der Relotius-Lügen entschuldigend und richtungsweisend auf dem kommenden *Spiegel*-Cover. Es war die demütige Ankündigung, zum Qualitätsjournalismus zurückkehren zu wollen.

Ein anderer Grandseigneur des deutschen Journalismus, Hanns Joachim Friedrichs, steht für den Satz, der in keinem journalistischen Poesiealbum fehlen darf: »Ein Journalist macht sich mit keiner Sache gemein, auch nicht mit einer guten.«

Beide Grund-Sätze des deutschen Journalismus gelten mittlerweile nicht mehr uneingeschränkt. »Haltung« oder »Werteorientierung« betrachtet man in Teilen des Journalismus als neue Leitmotive. Das ist sicher aller Ehren wert. Problematisch wird es jedoch, wenn es darum geht, zu erklären, was die »richtige« Haltung ist und welche Werte man vertritt.

Die NDR-Moderatorin Anja Reschke zum Beispiel hat den Satz von Hajo Friedrichs für sich (und für andere) neu gedeutet – und dies, wie ich finde, richtig und überzeugend erklärt. Im Dezember 2018 sagte sie in ihrer Dankesrede anlässlich der Verleihung des Hanns-Joachim-Friedrichs-Preises:

> Aber ich denke, wir müssen uns gemein machen mit einer Sache. Und zwar mit einer guten. Unserer Verfassung. Wir, die Presse, die öffentlich-rechtlichen Sender im Besonderen, haben einen Auftrag bekommen von den Alliierten nach dem Krieg. Teilhabe an der freien demokratischen Meinungsbildung zu gewährleisten. Mündige Bürger, Deutschland zu einem demokratischen Land zu machen und diese Demokratie zu bewahren.[7]

Wenn *das* mit »Haltung« gemeint ist, kann dem niemand widersprechen. Auch unsere Verfassung hat bestimmte Grundsätze durch die sogenannte »Ewigkeitsklausel« als nicht diskutabel definiert. Sie nimmt selbst Partei – also »Haltung« – ein für die Menschenwürde und den demokratischen Rechtsstaat. Ein Journalismus, der sich für diese Grundsätze einsetzt, ist eine unabdingbare Notwendigkeit für die Meinungsfreiheit und unsere freiheitliche Demokratie.

Tatsächlich nimmt es Anja Reschke mit ihrer unbedingten Haltung zum Grundgesetz nicht so genau, wenn diese mit ihrer persönlichen Haltung kollidiert. Reschke erklärte andernorts beispielsweise in Richtung der AfD: Wer ARD und ZDF abschaffen wolle, solle sich nicht beklagen, wenn er nicht in deren Talkshows eingeladen wird.[8] Nun kann man zur AfD stehen, wie man will. Aber weder die AfD noch die Forderung nach Abschaffung von ARD und ZDF sind verfassungswidrig. Eine Talkshow-Einladung an Vertreter der AfD als aktuell größte Oppositionspartei wäre demnach hin und wieder journalistisch geboten. Wenn man also seine Haltung verfassungsrechtlich begründet, sollte man dies auch durchhalten. Denn dann gilt auch Artikel 3 Absatz 3 unseres Grundgesetzes: »Niemand darf wegen [...] seiner [...] politischen Anschauungen benachteiligt oder bevorzugt werden.« Sich je nach Anlass nur ausgewählter Grundgesetzartikel zu bedienen, ist billig. Dann wird aus der Haltung nämlich ein lediglich als Haltung verbrämter Aktivismus.

Reschkes WDR-Kollege, der »Monitor«-Chef Georg Restle, hat seinen »werteorientierten Journalismus« weniger staatstheoretisch begründet und dem »Neutralitätswahn« der Journalisten grundsätzlich eine Absage erteilt.[9] Er sieht seinen Auftrag vielmehr darin, selbst eine Auswahl zwischen »guter« Berichterstattung und dem bewussten Weglassen von Berichterstattung zu treffen. In einem Interview sagte er, man müsse nicht »jeden Mist« abbilden, nur weil er aus dem Mund eines Abgeordneten des Bundestages oder eines Parteivorsitzenden komme.[10]

Was »Mist« ist, bestimmt demnach derjenige mit dem richtigen Wertekompass – also Restle selbst. Er will die angeblich objektiv richtige Meinung vorgeben, aktiv damit Einfluss nehmen, Stimmungen lenken und merkt nicht, dass er damit selbst das Spiel der Populisten betreibt. Wenn man statt kritischer Professionalität höhere Motive für sein Tun reklamiert, übertritt man die Schwelle vom Journalisten zum Agitator. Die demokratiedienende Funktion wird von der überlegen-belehrenden Funktion abgelöst.

Damit verwandeln sich Journalisten bewusst zu politischen Akteuren, sie begeben sich auf ein fremdes Spielfeld – mit dem unschlagbaren Vorteil, dass sie niemals in die Verlegenheit kommen, politische Entscheidungen fällen und Verantwortung übernehmen zu müssen. Besserwissen reicht aus.

Für Aufsehen sorgte im Juni 2020 eine Kontroverse innerhalb der *Spiegel*-Redaktion in dieser Frage. Der Redakteur Philipp Oehmke warf in einem Meinungsbeitrag alle journalistische Neutralität schlankweg über Bord und erklärte deren Zeit für beendet. Der Neutralitätsjournalismus versage mittlerweile in seinem Auftrag als »Vierte Gewalt«, weil er Lügen und Verschwörungstheorien verbreite – »wie zum Beispiel jener, Hillary Clinton betreibe einen Kinderpornografie-Ring aus einer Washingtoner Pizzeria heraus – als Meinungsäußerung«[11] und sie gewissermaßen eins zu eins neben andere Meldungen stelle. Dem widersprach der Haus-Kollege Florian Gathmann kurz danach heftig. Selbstverständlich, so Gathmann, gebe es keine echte Neutralität, weil jeder Mensch seine eigene Sichtweise mitbringe: »Aber der Versuch, als Journalist der Welt so unvoreingenommen wie möglich gegenüberzutreten, ist wichtiger denn je.« Die Zeit der totalen Polarisierung fordere Journalisten umso mehr, »dem Zerfall, der Feindschaft entgegenzuwirken«.[12]

Ich stehe hier auf der Seite von Florian Gathmann. Zum einen ist das von Oehmke genannte Beispiel auch unter Neutralitätsgesichtspunkten keine Meinung, sondern eine falsche Tatsachenbehauptung – und die kann im Zweifel strafrechtliche Konsequenzen nach sich ziehen. Zum anderen: Wer der Neutralität entsagt, der lässt im Zweifel auch Fakten unter den Tisch fallen, um anderen seine Meinung vorzugeben. Das Unterdrücken von Fakten durch Journalisten ist dann übrigens nicht besser als Fake News.

Auch vor diesem Hintergrund müssen wir den Vertrauensverlust der klassischen Medien betrachten. Wenn laut Umfragen jeder Dritte die über Medien verbreiteten Informationen für unglaubwürdig hält,[13] dann bekommt nicht nur der Journalismus, sondern wir alle ein Problem. Es wäre also ein Gebot der Zeit, die Grenzen zwischen Information und Meinung einerseits sowie zwischen Politik und Journalismus andererseits wieder klarer zu ziehen. Gelingt dies nicht, wenden sich die Menschen von unserer freiheitlichen Demokratie ab.

Lebensgefühl und Entfremdung

Schaue ich das Morgenmagazin von ARD oder ZDF, dann bekomme ich häufiger den Eindruck, ich sitze vorm Erziehungsfernsehen. Mir wird auf eine mehr oder weniger subtile Art nahegebracht, wie ich mich verhalten, was ich essen, wie ich leben und wie ich vernünftigerweise denken soll. Man präsentiert dort täglich einen Lifestyle, der mit der Lebenswirklichkeit vieler Menschen nicht ansatzweise in Einklang zu bringen ist.

Hierbei wird immer wieder deutlich, wie sehr sich die Redaktionen selbst in ihren eigenen Filterblasen aufhalten. Vor allem die Hauptstadtpresse merkt nicht mehr, wie wenig sie für die breite Bevölkerung spricht. Wenn Qualitätsmedien bei der Bewegung »Fridays for Future« begeistert von »der« Jugend reden, die jede Woche auf die Straßen geht, dann mag dies der eigenen Weltsicht entsprechen. Tatsächlich haben nach Erhebungen des Ipsos-Institutes vom August 2019 lediglich 3 Prozent der 18- bis 30-Jährigen regelmäßig an einer solchen Demonstration teilgenommen.[14] Und natürlich wird durch das Hochjubeln von Bewegungen auch deren politische Durchschlagskraft vergrößert. So wird durch mediale Berichterstattung Wirklichkeit kreiert, die in Wahrheit nicht existiert.

Ein anderes Beispiel für Erziehungsfernsehen: Als die CSU Anfang 2020 eine sehr plakative Unterschriftenkampagne gegen das Autobahn-Tempolimit in die Welt setzte, stieß dies bei einigen öffentlich-rechtlichen Moralwächtern offenbar auf wenig Gegenliebe. Der entsprechende Bericht am 2. Februar in der »heute«-Sendung, immerhin das nachrichtliche Flaggschiff des ZDF, wurde zunächst mit den Worten eingeleitet, Applaus dafür komme »auch von der AfD«. Bebildert war der Beitrag dann mit allerlei Verstößen gegen die StVO, die allerdings überhaupt nichts mit dem Tempolimit zu tun hatten. Sie vermittelten aber ein bestimmtes, negatives Grundgefühl. So zeigte man einen Autofahrer, der widerrechtlich auf die Gegenfahrbahn fuhr und wartende Autos überholte, um an einer roten Ampel die Kreuzung zu überqueren. Außerdem sah man einen Drängler auf einer Landstraße, der nur wenige Zentimeter zum Vordermann auffuhr und schließlich einen recht unfreundlichen Rechtsüberholer, der mit erhobenem Mittelfinger in die Kamera grüßte. Ein konkreter Bezug zur Debatte wurde nicht hergestellt.[15] Aber eindeutiger hätte der Redakteur nicht darstellen können, dass er für ein Tempolimit und gegen die CSU-Pläne ist.

Man kann in Sachen Tempolimit sicherlich beide Positionen mit guten Gründen vertreten. Schließlich stehen rund 50 Prozent Befürwortern ungefähr genauso viele Gegner gegenüber. Die Aufgabe der öffentlich-rechtlichen Berichterstattung ist es aber nicht, sich in einem eigentlich neutralen Bericht in einer Nachrichtensendung auf eine Seite zu schlagen und damit zu suggerieren, die andere Position sei einfältig, latent straffällig, prollig, jedenfalls weniger wert – und irgendwie »rechts«. Das ist nichts anderes als Meinungsmache durch überhebliche Ausgrenzung.

Wenn die Rechtsextremen die grauenhafte Phrase von »linksgrün versifften Systemmedien« in den Mund nehmen, dann ist eine solche Äußerung zwar von der Meinungsfreiheit gedeckt, aber nicht besonders konstruktiv. Schlimmer jedoch wird es, wenn diese Parole in Deutschland in bestimmten Kreisen offenbar auf einen Wahrnehmungshintergrund trifft. In einem *Zeit*-Streitgespräch zwischen dem ZDF-Chefredakteur Peter Frey und drei Zuschauern im Dezember 2019 zeigte dies der Einwurf eines Gesprächsteilnehmers, der in der DDR aufgewachsen war:

> Nach der Wende war für mich zunächst auch alles in Ordnung mit Meinungsfreiheit und Medien. Man hat gelernt, bestimmte Medien, Zeitungen einzuordnen: Die einen stehen politisch eher hier, die anderen eher dort. Aber jetzt habe ich das Gefühl, ich erlebe wieder die Aktuelle Kamera, die DDR-Nachrichten.[16]

Nehmen wir uns die Ergebnisse einer Untersuchung der gewerkschaftsnahen Otto-Brenner-Stiftung aus dem Jahr 2017 zum medialen Umgang mit der Flüchtlingskrise vor, dann können wir erahnen, wann, wo und warum diese Entfremdung vollends aufgebrochen ist. Bei den untersuchten überregionalen Tageszeitungen *Welt*, *Frankfurter Allgemeine* und *Süddeutsche Zeitung* (die nicht alle als »links«, »grün« oder »linksgrün« zu bezeichnen wären), kommt die Studie zu folgendem Schluss:

> Bis zum Spätherbst 2015 greift kaum ein Kommentar die Sorgen, Ängste und auch Widerstände eines wachsenden Teils der Bevölkerung auf. Wenn doch, dann in belehrendem oder (gegenüber ostdeutschen Regionen) auch verächtlichem Ton. Kaum ein Kommentar während der sogenannten Hochphase (August und September) versuchte eine Differenzierung zwischen Rechtsradikalen, politisch Verunsicherten und besorgten, sich ausgegrenzt fühlenden Bürgern. So dienten die Kommentare grosso modo nicht dem Ziel, verschiedene Grundhaltungen zu erörtern, sondern dem, der eigenen Überzeugung bzw. der regierungspolitischen Sicht Nachdruck zu verleihen.[17]

Die in der Studie ermittelten Ergebnisse verwiesen »auf gravierende Dysfunktionen des Informationsjournalismus als Teil der sogenannten Mainstreammedien«:

> Diese Störungen haben sich so tief eingefressen, dass sie von Journalisten oder einzelnen Redaktionen vermutlich für normal gehalten, das heißt nicht als solche wahrgenommen oder gar problematisiert werden. Dies könnte erklären, warum die meisten tagesaktuellen Medien bis zur Silvesternacht 2015/16 nicht erkannt hatten, dass sich durch die Gesellschaft ein mentaler Graben zieht, der den weltoffen-liberal denkenden Teil der Bevölkerung – Leser der Leitmedien – vom konservativ-liberal bis nationalistisch eingestellten Teil trennt. Unsere These lautet, dass die [in der Studie] zusammengefassten Dysfunktionen diesen polarisierenden und insofern desintegrativen Prozess massiv gefördert haben.[18]

Eine ähnliche Studie der Universität Mainz, die teilweise zu anderen Schlüssen kommt, stellt fest:

Wenn Massenmedien konsonant und einseitig über einen Sachverhalt berichten, wie es zumindest zu Beginn der »Flüchtlingskrise« der Fall war, findet ein großer Teil der Rezipienten seinen eigenen Standpunkt in den Medien nicht mehr repräsentiert.

Dies führe dazu, »dass die Rezipienten auch an der Glaubwürdigkeit der Berichterstattung zweifeln«.[19]

Mit anderen Worten: Die Flüchtlingskrise war für die klassischen Medien in Deutschland ein Fanal, denn hier brach zum ersten Mal spürbar die Kluft zwischen ihnen und ihren Lesern, Zuschauern und Hörern auf. Den Vertrauensverlust können sie niemand anderem in die Schuhe schieben. Er ist in erster Linie hausgemacht. Und »der« Journalismus selbst hat seinen Teil dazu beigetragen, dass die Abwendung von den bewährten demokratischen Prozessen in unserer Gesellschaft bedrohlicher geworden ist – dass wir also weniger miteinander streiten, sondern vielmehr übereinander herfallen.

Ein konkretes Beispiel hierzu: Die Redaktion der Sendung »Aktenzeichen XY ungelöst« wollte auf dem Höhepunkt der Flüchtlingskrise im September 2015 einen Beitrag über einen dunkelhäutigen Vergewaltiger nicht ausstrahlen. Die Begründung war, man möchte in der Flüchtlingsdebatte »kein Öl ins Feuer gießen und keine schlechte Stimmung befördern. Das haben diese Menschen nicht verdient.«[20] Ob das Vergewaltigungsopfer verdient hatte, dass die Aufklärung dieses schrecklichen Verbrechens hintangestellt wurde, nur weil man eine moralisch »schwierige« Diskussion vermeiden wollte, stand nicht zur Debatte. Nach heftiger öffentlicher Kritik entschied sich die Redaktion, den Beitrag doch wie vorgesehen zu senden. Dennoch mussten sich viele Menschen fragen, ob in Zeiten der »Willkommenskultur« Straftaten gesellschaftlich eher hinzunehmen sind, wenn sie von fremd aussehenden Menschen verübt werden. Und auch: Was ist die hohe Moral der Medien eigentlich wert, wenn sie die Solidarität mit den Opfern im Zweifel vermissen lässt?

Selbstkritik war noch nie die Stärke des deutschen Journalismus. Nur ist es dringend an der Zeit, im Sinne unseres demokratischen Gemeinwesens die eigene Rolle zu hinterfragen und eigene Fehler der Vergangenheit demütig aufzuarbeiten. Denn niemand möchte, dass sich Menschen immer weiter in eigenen Filterblasen einkapseln, weil sie den klassischen Medien nicht mehr trauen, und vor allem in Teilen Ostdeutschlands Extremisten ihre Stimme geben, weil sie sich vom »System« ausgegrenzt sehen.

Die Demokratie braucht freien und glaubwürdigen Journalismus, der Meinungen anbietet, sie aber nicht vorgibt. Einen Journalismus, der Antworten sucht, und sie nicht schon vorher kennt. Und deshalb wäre ein ungerührtes »Weiter so« nicht zielführend, sondern fatal.

Weniger Hysterie, bitte!

Ich hätte in meinem Leben nie geglaubt, dass ich einmal als »Gefahr für die Demokratie« bezeichnet werden würde. Im Oktober 2019 war es nach fast 50 Jahren politischen Engagements so weit – interessanterweise wenige Tage nachdem ich aus den Händen von Wolfgang Schäuble das Bundesverdienstkreuz für meinen jahrzehntelangen Einsatz für Demokratie und Rechtsstaatlichkeit erhalten hatte.

Was war passiert? Die Antifa hatte in Göttingen eine Lesung des ehemaligen Bundesministers Thomas de Maizière verhindert. De Maizière trage als ehemaliges Mitglied der Bundesregierung Mitschuld am Flüchtlingsdeal, der zu einer beispiellos zahnlosen Haltung der Bundesregierung gegenüber der Türkei geführt habe, so deren Begründung. Gegen die linken Aktivisten wurden polizeiliche Ermittlungen wegen des Verdachts auf Nötigung eingeleitet. Die einstmals renommierte *Frankfurter Rundschau* veröffentlichte daraufhin einen Kommentar, in dem sie diese Aktion allerdings als »ein Akt zivilgesellschaftlichen Protests« bezeichnete. Und die Kommentatorin, offenbar mit heißem Herzen schreibend, fragte angesichts heftiger Reaktionen auch von meiner Seite auf diesen Vorfall: »Wo ist diese ›harte‹ Haltung eigentlich, wenn es um tatsächlich demokratiefeindliche Aktionen, wie Pegida-Demonstrationen und Nazi-Aufmärsche, geht?«[21]

Nun ist es grundsätzlich bedauerlich, wenn sich viel Meinung mit wenig Ahnung paart. Bei journalistischen Kommentatoren ist dies umso bedauerlicher, haben sie doch eine große Verantwortung für unser demokratisches Gemeinwesen. Zwar gibt es juristisch tatsächlich einen Unterschied zwischen Nazi-Aufmärschen und einer verhinderten Lesung. So weit hatte die Kommentatorin vollkommen recht. Allerdings ist die rechtliche Einordnung genau anders herum, als sie es meinte. Denn bei sogenannten Nazi-Aufmärschen (und Pegida-Demonstrationen) nehmen Menschen in der Regel ihr verfassungsmäßiges Grundrecht auf Versammlungsfreiheit wahr. Es ist also nicht demokratiefeindlich, sondern – im Gegenteil – Ausdruck einer lebendigen Demokratie, dass selbst solche Menschen in Deutschland für ihre wirren Ansichten auf die Straße gehen dürfen. Wenige Monate vor diesem Vorgang hatte der Verwaltungsgerichtshof Hessen gerade einen Nazi-Aufmarsch in Kassel anlässlich der Ermordung Walter Lübckes gestattet.[22] Bei einer Nötigung hingegen, wie mutmaßlich bei der verhinderten de-Maizière-Lesung, droht eine Freiheitsstrafe bis zu drei Jahren oder eine Geldstrafe.

Selbstverständlich war es der Kommentatorin nicht verboten, mir dennoch vorzuwerfen, ich würde die Antifa-Aktion zu einem »Rechtsbruch« verdrehen; und zu meinen, dass meine Kritik »an populistische Hetze« grenze. Die Meinungsfreiheit ist ja, wie wir gelernt haben, ein hohes Gut. Hochgradig intelligent war dieser hypertonische Beitrag aber nicht. Denn die Frage stellt sich: Wozu brauchen wir eigentlich noch »professionellen« Journalismus, wenn er sich qualitativ nicht mehr von tendenziösen Blog-Beiträgen oder aufgeregten Twitter-Meldungen abhebt?

In Sachen Hysterie hat die deutsche Medienlandschaft in den vergangenen Jahren offenbar einiges aufholen müssen, um mit dem alltäglichen Wahn auf Twitter mithalten zu können. Man spürt förmlich, dass der Konkurrenzdruck stark auf allen Beteiligten in der Informationsindustrie lastet. So wird manch eine unglückliche Formulierung interpretiert, nachkorrigiert, anschließend überinterpretiert und diese Überinterpretation noch einmal nachinterpretiert, um am Ende zuverlässig festzustellen, dass der Zitatgeber ein ganz schlimmer Finger ist. So auch im Falle Clemens Tönnies – wahrlich kein Ruhmesblatt für den deutschen Journalismus.

Der Schalke-Aufsichtsratsvorsitzende Tönnies ist ein handfester Mann, der gerne auch handfest formuliert. Ein Rassist ist er hingegen nicht. Mit diesem Emblem versah ihn aber der Großteil der deutschen Presse im Sommer 2019.

Auf dem Handwerkstag in Paderborn sagte er wörtlich und ohne Manuskript:

> Und wenn wir zwischen 20 und 27 Milliarden Euro investieren, um ein Beispiel zu geben, in die Welt hinaus, um 0,0016 Prozent CO_2, bezogen auf den Globus, zu verändern: Warum gehen wir eigentlich nicht her und geben das Geld dem Gerd Müller, unserem Entwicklungsminister, und der spendiert jedes Jahr 20 große Kraftwerke nach Afrika? Dann hören die auf, die Bäume zu fällen, hören auf, wenn's dunkel ist, wenn wir sie nämlich elektrifizieren, Kinder zu produzieren.[23]

Das etwas ungelenk formulierte Anliegen war klar: Wenn wir viel Geld in die Hand nehmen, können wir durch gezielte Entwicklungshilfe auch etwas Nachhaltiges für die CO_2-Reduktion in der Welt tun. Die Motive Tönnies' waren also konstruktiv und lauter. Von Qualitätsmedien wie *Spiegel*, *Welt*, *Tagesspiegel* über die *Zeit* bis hin zur *FAZ* und der *Süddeutschen Zeitung* wurde jedoch insbesondere der letzte Satz wie folgt – angeblich wörtlich! – transportiert: »Dann würden die Afrikaner aufhören, Bäume zu fällen, und sie hören auf, wenn's dunkel ist, Kinder zu produzieren.«[24]

Die Verkürzung des letzten Satzes war dann auch diejenige, an der sich die deutsche Medienlandschaft abarbeitete. Tönnies wurde »bratwurstiger Gartenhüttenrassismus«[25] vorgeworfen, der trotz Entschuldigung unentschuldbar sei. Deshalb solle sein Kopf rollen. Ein weltoffener Verein wie Schalke 04 müsse dieses Menschenopfer notwendigerweise erbringen. Die Bundesjustizministerin schaltete sich in die Debatte ein und beklagte »dumpfen Rassismus«, dem man entschieden entgegentreten müsse.[26] Und als der Schalke-Ehrenrat dies nicht – wie von der versammelten Empörungsriege gewünscht – tat, hieß es, dieser »war so befangen wie ein bestochener Schiedsrichter«.[27] Mehr Hysterie geht wohl nicht.

In einer solchen Gefechtslage dringen vernünftige Argumente nicht mehr durch. Dann ist der geordnete Rückzug alternativlos. Clemens Tönnies entschuldigte sich und ließ sein Amt für drei Monate ruhen.

Kommen wir zur Textanalyse. Tönnies sagte eben nicht »die Afrikaner«, sondern »die« in Afrika. Das ist schon einmal ein Unterschied. »Die« in Afrika klingt leider nicht halb so reißerisch wie »die Afrikaner« – was gefühlt schon sehr nahe am »N-Wort« liegt. Um das mediale Denunziationspotenzial weiter zu erhöhen, fehlte nur noch die Streichung des erklärenden Einschubs, »wenn wir sie nämlich elektrifizieren«. Differenzierungen sind nun einmal nicht hilfreich, wenn man jemanden in Grund und Boden stampfen möchte. Diesem Problem wurde dann pressetechnisch ebenfalls abgeholfen. Damit war der Weg frei. Auf dieser zurechtkorrigierten Version konnte man seine Empörung ungehemmt ausleben. Ohne Rücksicht auf Verluste.

»Die« in Afrika kann man sicherlich unter vielen Gesichtspunkten sprachlich beleuchten. »Die« in Afrika ist aber genauso wenig rassistisch wie »die« in Amerika, »die« in Schleswig-Holstein oder »die« in Berlin. Und dass der ungehemmte Holzbau in einigen afrikanischen Landstrichen mittlerweile zu einem massiven Problem geworden ist, findet übrigens auch Greenpeace.[28] Das Thema der Überbevölkerung, insbesondere auf dem afrikanischen Kontinent, wird vielfach als eine dringend zu lösende Frage angesehen. So auch vom altehrwürdigen – und sicherlich des Rassismus unverdächtigen – Club of Rome.²⁹ Gemeinhin als unstrittig gilt außerdem, dass die Hebung des Lebensstandards – Stichwort: Elektrifizierung – Auswirkungen auf die Geburtenrate hat: Je fortschrittlicher ein Land ist, umso weniger werden Kinder »produziert«. Ob es dabei dunkel sein muss oder nicht, kann dahingestellt bleiben. Rassistisch ist aber auch diese Erklärung nicht.

Nimmt man all dies zusammen, bleibt nicht mehr viel vom Rassismus-Vorwurf übrig. Vielmehr kann man sich wie mein sehr geschätzter Kollege Thomas Fischer, ehemals BGH-Richter, fragen, ob der vermeintliche Rassismus bei Tönnies nicht vielleicht »von den Empörten höchstselbst produziert und in die fremde Äußerung hineinprojiziert wird«.³⁰ Wichtig war in dieser Debatte offensichtlich nicht, festzustellen, ob Tönnies wirklich ein Rassist ist. Viel wichtiger war, dass man im Rudel *behaupten* kann, er sei ein Rassist.

Fischer versuchte in einem lesenswerten Aufsatz zu diesem Thema auf *Spiegel Online* die Gegenprobe: »Eine afrikanische Managerin sagt auf der Handwerksmesse in Nairobi: ›Statt uns zu belehren, sollten die Europäer weniger Plastikmüll erzeugen und ihren Kindern weniger Autos kaufen.‹«³¹ Und, wer ist jetzt Rassist?

In Zeiten hochkochender Hysterie sind es bedauerlicherweise auch die Qualitätsmedien, die an der Lunte zum Pulverfass zünden. Wer mit verkürzten Zitaten hantiert und dies als die Wahrheit transportiert, um sich anschließend lustvoll an einer Denunziationswelle zu beteiligen, der macht sich an der Verrohung des allgemeinen gesellschaftlichen Klimas mitschuldig. Wenn sich die Journalisten daran beteiligen, öffentliche Äußerungen bewusst misszuverstehen, um einen angeblichen Meinungsmainstream zu bedienen, dann erschüttert es das Vertrauen in die demokratisch notwendige Korrektivfunktion der Presse. Es wäre gerade die Aufgabe eines verantwortungsvollen und aufgeklärten Journalismus, einer Verschlagwortung der Debatte entgegenzuwirken – und sie nicht selbst zu befördern.

Für unseren demokratischen Diskurs ist es dabei sehr schädlich, dass man in der aufgepeitschten Atmosphäre keine Argumente mehr hört, sondern stattdessen zur angeblich leichteren Einordnung eine Schwarz-Weiß-Kulisse aufbaut. Jeder redliche Versuch, wenigstens einen Hauch von Schattierung in die Debatte einzuführen, wird dabei häufig niedergekloppt und mit demselben Unwerturteil belegt, wie diejenige Äußerung, die sich gerade im medialen Trommelfeuer befindet. Die Distanzierung von dem »Bösen« steht im Vordergrund. Um ein besseres Argument, eine neue Sichtweise geht es dann nicht mehr. Die Brandmauer gegen das Böse muss stehen.

Auch wenn sich Journalisten gemeinhin als eine intellektuelle Elite verstehen, die für sich reklamieren, frei und eigenständig zu denken, ist der Konformitätsdruck dort möglicherweise sogar am größten. Ich habe den Eindruck, dass es dort einen schmaleren Korridor von »erlaubten« Meinungen gibt. Wie sonst ist ein solch gleichförmiges, gemeinsames Kesseltreiben, bei dem einzelne Menschen an den öffentlichen Pranger gestellt werden, erklärbar?

Was kommt nach der absoluten Eskalation?

Wer Hysterie braucht, um seine Botschaften an die Frau und den Mann zu bringen, der bekommt irgendwann ein großes Problem. Der Hysterie ist eigen, dass sie ständig neue Reize, neue Eskalationsstufen benötigt, um noch wirksam zu bleiben. Was aber immer weiter eskaliert, kommt zwangsläufig zu einem maximalen Punkt, an dem es nicht mehr weitergehen kann. Man steht also auf der obersten Stufe der Eskalationsleiter. Was passiert dann?

Ein Beispiel: Die Berichterstattung über die vielfältigen Folgen der Corona-Krise im Frühjahr 2020 brachte die klassischen Medien an die Grenzen ihrer Leistungsfähigkeit. Einige Beobachter bekamen den Eindruck, dass wichtige gesellschaftliche und ökonomische Bereiche seitens der politischen Journalisten viele Wochen komplett unterbeleuchtet blieben. So kamen die Kollateralschäden des Lockdowns – vor allem die Beeinträchtigung von Kindern und Familien, das Berufsverbot weiter Bevölkerungskreise und vieles mehr – in der Berichterstattung zunächst kaum vor. Der Medienwissenschaftler Bernhard Pörksen sagte Anfang Mai 2020 gegenüber dem österreichischen *Standard*, dass »der politische Journalismus zu lange und unmittelbar der eng geführten Perspektive der Virologen gefolgt [ist], die ihrerseits die Politik prägt«:

> Eine Orientierung an Expertenmonopolen ist, prinzipiell gesprochen, nie gut. In Zeiten einer derart dramatischen Krise wird sie gefährlich. Hier hätte ich mir mehr Distanz und mehr Debatte gewünscht, eine von Journalisten erzwungene Weitung des Blicks.[32]

In einer solchen Ausnahmesituation dürfte es kein Wunder sein, wenn Kritik an den grundrechtsbeschränkenden Regierungsmaßnahmen bisweilen als Kritik an dem eindimensionalen journalistischen Kurs empfunden wird. Deshalb ist es dann eine Form von journalistischer Selbstbehauptung, den Regierungskritiker in die gesellschaftliche Ächtungsecke zu schreiben. Um die dahinterstehende Logik etwas plakativ zu machen: Wer die Menschenleben rettende Regierungslinie auch nur in Teilen infrage stellt, setzt kaltherzig Menschenleben aufs Spiel.

Als ich am 10. Mai 2020 in einer Sendung von Anne Will zu meiner Position hinsichtlich der Grundrechtseingriffe befragt wurde, machte ich auf ein tragendes Element unserer Freiheitsordnung aufmerksam: die Eigenverantwortung. Ich sagte, unser gesamtes Gesellschaftsbild basiere auf der Annahme, dass Menschen für sich selbst sorgen können. Das gelte selbstverständlich auch beim Infektionsschutz. Die erste und beste Maßnahme, sich nicht zu infizieren, sei schließlich, dass zunächst jeder sein eigenes Risiko abschätzt und sich entsprechend verhält. Deshalb gelte in Bezug auf die Aufhebung der massiven Grundrechtseingriffe auch der individuelle Grundsatz: »Wer Angst hat, soll zu Hause bleiben.«

Allgemein sei festzuhalten – das hatte ich in jenen Wochen mehrfach betont –, dass der Staat dem Einzelnen nicht die Angst nehmen kann, er aber die Möglichkeiten zur Grundrechtsausübung weitestmöglich herstellen muss. Der Ängstliche sollte nicht von allen anderen verlangen, dass sie seine eigene Furcht uneingeschränkt teilen. Diese haben nämlich ihrerseits das verfassungsmäßige Recht, ihre Grundrechte, soweit es infektionsrechtlich möglich ist, wahrzunehmen.

In der Runde saßen neben mir nicht nur die SPD-Ministerpräsidentin aus Rheinland-Pfalz, Malu Dreyer, sondern auch der ehemalige Vorsitzende des Ethikrates, Peter Dabrock. Niemand nahm in der Sendung Anstoß an meiner Äußerung.

Was nach der Sendung jedoch geschah, ist für die aktuelle mediale Berichterstattung leider paradigmatisch. Mein aus dem Zusammenhang gerissener Satz »Wer Angst hat, soll zu Hause bleiben« machte Karriere – zuerst in den sozialen Netzwerken, dann in den Online- und schließlich in den Printmedien. Die Deutung dieser isolierten Sentenz wurde so gewendet, dass »klar« wurde, dahinter könne nur ein kaltes, (neo-)liberales Verständnis von Menschlichkeit stehen.[33] Der journalistische Interpretationswettbewerb gipfelte dann in der eisenharten Feststellung der *taz*, dieses Statement offenbare eine »hemdsärmelige Menschenverachtung«.[34]

Und nun stellt sich die Frage der journalistischen Eskalation. Wenn die politische Forderung nach einer Rückkehr zur Eigenverantwortung mit dem absolut Bösen – nämlich der Verachtung von Menschen – gleichgesetzt wird, wie kann man dann das Treiben von Extremisten, Antisemiten oder Rassisten noch vernünftig einordnen? Gibt es dafür überhaupt noch Worte?

Um es unmissverständlich zu formulieren: Ich habe für eine solche Art der journalistischen Verzerrung und Pippi-Langstrumpf-Weltdeutung keinerlei Verständnis. Im Ergebnis verharmlost man so wirkliche Gefährder unserer Demokratie. Wer sich nicht einmal ansatzweise die Mühe macht, den Sinn hinter öffentlichen Äußerungen von Demokraten zu hinterfragen, sondern es als seine eigentliche Aufgabe sieht, isolierte Sätze im Zweifel ins Gegenteil zu interpretieren und in die Schmutzecke der Menschenverachtung zu schieben, der hat den Zusammenhang von Freiheit und Verantwortung nicht verstanden. Ein solcher Journalismus ist dann sicherlich nicht systemrelevant, sondern ein Problem. Artikel 1 des Pressecodex lautet:

> Die Achtung vor der Wahrheit, die Wahrung der Menschenwürde und die wahrhaftige Unterrichtung der Öffentlichkeit sind oberste Gebote der Presse. Jede in der Presse tätige Person wahrt auf dieser Grundlage das Ansehen und die Glaubwürdigkeit der Medien.[35]

Von diesem Gedanken hat sich leider ein beträchtlicher Teil der heutigen Journalisten verabschiedet.

Talkshows als Hochamt der Meinungsfreiheit?

Wo wir gerade dabei sind: Wenn wir über die mediale Dimension der Meinungsfreiheit sprechen, dürfen selbstverständlich die allwöchentlichen politischen Talkshows nicht fehlen. Von Maischberger zu Will, über Plasberg bis Illner bekommen wir jede Woche grob ritualisierten Streit im Fernsehen serviert. Wer meint, dass es am Ende zu einem wirklichen Erkenntnisgewinn für die Zuschauer kommt, der missversteht die Logik dieses Formates. Die Macher einer solchen Sendung forcieren den Streit nicht zur Meinungsbildung, sondern zur Erhöhung der Einschaltquote.

Das ist nicht grundsätzlich ehrenrührig, sollte allerdings auch nicht damit schöngeredet werden, dass man sich selbst als edle Speerspitze der Demokratie darstellt. Einen ernsthaften Anspruch auf Wahrheits- beziehungsweise Konsensfindung erheben diese Sendungen nämlich nicht. Sie rechtfertigen ihre Existenz aus dem Erfolg der jeweils letzten Sendung. Und Erfolg hat eine Talkshow nur mit harter Konfrontation. Wenn Titel zugespitzt werden auf »Sozialstaat unter Druck: Kosten uns die Flüchtlinge zu viel?« oder »Angst vor Flüchtlingen: Ablehnen, ausgrenzen, abschieben?«, dann fällt es schwer zu argumentieren, Artikel 5 unseres Grundgesetzes liege ARD und ZDF sehr am Herzen. Differenzierte Positionen, die sich eher in der Mitte zwischen den Extremen befinden, sind daher nicht halb so interessant und wenig talkshowtauglich. Inhalte müssen ja auch nicht zwingend transportiert werden. Der politische Dampfhammer ist gefragt.

Ähnliches gilt natürlich auch für die Gäste. Leicht kann man nach dem Konsum mehrerer Talkshows den Eindruck bekommen, im politischen Berlin tummelten sich eigentlich nur um die 25 bis 30 Persönlichkeiten, die reihum immer wieder angefragt werden. Denn die Zahl der wirklich neuen Gesichter in solchen Sendungen ist sehr gering. Sie leben von interessanten Gesprächsteilnehmern, die eine gewisse Quote garantieren, und dies traut man offenbar nur wenigen zu.

Ich wurde früher manchmal gefragt, warum Christian Lindner und ich verhinderten, dass kluge, junge und aufstrebende Parteifreundinnen und -freunde in einer solchen Talkrunde sitzen. Denn nur mit Lindner und Kubicki sei im Fernsehen doch weder die Breite der Partei abgebildet, noch könnte sich der Nachwuchs angemessen präsentieren. Hinter dieser Frage steht eine sehr naive Vorstellung davon, wie die Besetzung einer solchen Sendung funktioniert. Denn weder können Christian Lindner und ich einen potenziellen Kandidaten einer Redaktion vorgeben, um ihn dort »unterzubringen«, noch wird grundsätzlich vorher »die« FDP gefragt, wen sie sinnvollerweise in die nächste Sendung schicken möchte. Die Redaktionen besetzen ihre Sendungen eigenständig und zweckgerichtet: nach Konfliktfähigkeit, -bereitschaft und vor allem nach Zuschauerinteresse. Parteipolitische Ausgewogenheit ist zwar nicht unwichtig, steht aber in der Rangfolge etwas weiter hinten.

Dieses kleine Beispiel zeigt aber auch, welche Bedeutung die politischen Talkshows mittlerweile für den gesamten politischen Betrieb haben. Wenn das Erscheinen in einer abendlichen Sendung der Maßstab für politischen Erfolg und Durchschlagskraft ist, verschieben sich die Koordinaten. Dadurch bestimmen nämlich auch die Redaktionen mit, wer auf der politischen Bühne Relevanz hat und wer nicht. Und wer es vielleicht in eine Sendung schafft, dort dann aber nicht besteht, ist für die aktuelle Bundespolitik eigentlich ungeeignet und nicht vermittelbar. Gleichzeitig gilt andersherum: Wem es gelingt, in einer solchen Sendung eine gute Figur zu machen, dem wird offenbar eher politisches Vermögen zugetraut. Ob das tatsächlich der Fall ist, ob man wirklich die nötige Führungsstärke, Menschenkenntnis, politisches Gespür und Durchsetzungskraft hat, spielt eigentlich keine Rolle. Wichtig ist, dass man andere *glauben machen* kann, dass es so ist. So wird eine Illusion zur vermeintlichen Realität.

Um einen besseren Eindruck zu hinterlassen, gehen manche Talkshowgäste dazu über, ihren Talkshowerfolg durch eigene Claqueure herbeiklatschen zu lassen. Der Pressesprecher des damaligen Bundesjustizministers Heiko Maas ist vielen noch gut in Erinnerung. Im Jahr 2016 versuchte dieser in einer Sendung von Anne Will mehrmals hintereinander, mit lautem Applaus das Publikum zur Unterstützung seines Chefs zu animieren. Peinlich wurde es, als Anne Will nach dem dritten, erfolglosen Versuch sagte: »Dann begrüßen wir hier auch noch mal den Sprecher von Herrn Maas, der hier immer am lautesten klatscht.«[36] Das ist kein Einzelfall. Auch der damalige bayerische Finanzminister Markus Söder überließ in der Sendung von Günther Jauch Ende 2014 die Stimmungsmache seiner Pressesprecherin, deren auffällig euphorischer Einsatz ebenfalls vom Moderator angesprochen wurde.[37]

In diesen Beispielen haben die Fernsehzuschauer von den aktiven Meinungsbeeinflussungsversuchen erfahren. In den allermeisten Fällen merken sie davon jedoch nichts. Dann bekommen die Zuschauer den Eindruck, der eine Gast habe, jedenfalls im Studio, Volkes Stimmung auf seiner Seite.

Vor diesem Hintergrund brachte die Corona-Krise auch etwas Positives für die Talkshowstreitkultur zutage. Das »Ziehen« des billigen Applauses durch populistisches Gebaren ist in Ermangelung eines Studiopublikums nicht mehr möglich. Auf einmal wurde wieder zugehört – was manchen nicht so gut bekam: Es war interessant zu betrachten, wie einige der Talkshow-Königinnen und -Könige ihre Wirkung komplett verloren und plötzlich viel stärker auf die Kraft ihrer Argumente angewiesen waren.

Dennoch: Die Wirkung der politischen Talkshows auf den demokratischen Meinungskampf sehe ich insgesamt negativ. Talksendungen richten den Fokus stark darauf, wie Politik *präsentiert* wird, und weniger darauf, welchen konkreten Lösungsvorschlag man diskutieren möchte. Wirkung schlägt Inhalt – um Längen. Die Talkshowkommunikation unterscheidet sich darin von anderen Formen politischer Auseinandersetzung sehr deutlich. Sie ist viel stärker auf Effekt, auf Konfrontation und auf Geringschätzung der anderen Meinung ausgerichtet. Weil die Gäste in diesem Sendekorsett irgendwie beim Zuschauer durchzudringen versuchen, müssen ihre Botschaften möglichst plakativ und massengerecht formuliert werden. Damit werden logischerweise populistische Argumentationsmuster unterstützt. Wenn man es dann noch schafft, den Mitstreiter schlecht aussehen zu lassen, aus der Fassung zu bringen und womöglich in einen Gesichtsverlust zu treiben, hat man »gesiegt«. Auf eine Debattenkultur, die einerseits auf Konfrontation, andererseits aber auch auf den respektvollen Ausgleich und Kompromiss setzt, wirkt eine solche Herangehensweise auf Dauer schädlich. Denn damit geht das konstruktive Element des Meinungsstreits verloren, das in unserer Verfassung als notwendig verbrieft ist. Im Ergebnis hat die Fernseh-Debattenkultur also einen destruktiven Einfluss auf den demokratischen Meinungsbildungsprozess, denn sie verhärtet eher die Streitlinien, als dass sie diese auflöst.

Die sozialen Medien – und Schluss

Facebook, Twitter und Instagram sind für die politische Meinungsbildung Segen und Fluch zugleich. Segen deshalb, weil man als Politiker eigenständig Themen setzen kann, ohne auf andere angewiesen zu sein. Und Fluch, weil die Realität der sozialen Medien nicht mit der Wirklichkeit übereinstimmt. Hier besteht bisweilen Verwechslungsgefahr.

Nach dem Ausstieg Robert Habecks bei Twitter und Facebook hagelte es überwiegend Spott über das ungewöhnliche Maß an kommunikativer Unprofessionalität. Habeck, den ich in seiner Zeit als schleswig-holsteinischer Landwirtschaftsminister liebevoll als meinen »Furchenphilosoph« bezeichnete, hatte sich zuvor mehrmals mit ungeschickten Formulierungen heftige Shitstorms eingefangen. So sagte er in einem Video im Thüringer Landtagswahlkampf zum Beispiel: »Wir versuchen alles zu machen, damit Thüringen ein offenes, freies, liberales, demokratisches Land wird, ein ökologisches Land.«[38] Dumm nur, dass seine grünen Parteifreunde dort schon einige Jahre mitregierten. Dass ihnen der eigene Parteivorsitzende nun undemokratisches Gebaren attestierte, traf sicher nicht bei allen im ersten Moment auf ungeteilte Zustimmung.

Im Gegensatz zu vielen anderen Medien feierte der Kommentator von *Spiegel Online* den Mut Habecks, dass er dem »Selbstbespiegelungskabinett« eine Absage erteilt hatte.[39] Der Kommentator ließ dabei aber außer Acht, dass Selbstbespiegelung nicht von außen an jemanden herangetragen wird. Das »Selbst« in Selbstbespiegelung heißt ja, dass diese Gefühlsregung aus einem selber kommt. Man muss schon dafür empfänglich sein. Und dies gestand Habeck dann auch reumütig ein: Er habe sich dabei ertappt, »wie ich nach Talkshows oder Parteitagen gierig nachgeschaut habe, wie die Twitter-Welt mich denn gefunden hat«.[40] Eitelkeit kann manchmal korrumpieren.

Abgesehen davon sehe aber auch ich in der politischen Kommunikation, wie sie heute über Twitter praktiziert wird, mehr Nachals Vorteile für den gesellschaftlichen Meinungsstreit. Das liegt vor allem daran, dass die Geschwindigkeit des Austauschs zu impulsiveren und extremeren Reaktionen verleitet. Diese Entwicklung endet meistens leider nicht mehr in einem einenden Konsens, sondern in virtuellem Gebrüll. Außerdem wird über Twitter vielfach eine Heckenschützenkommunikation gepflegt: Wenn man jemand anderen hart angeht, sieht man nicht, ob oder wie der eigene Tweet das Gegenüber verletzt. Deshalb leben manche hier schlimmste Rücksichts- und Respektlosigkeiten aus, die sehr weit vom menschenfreundlichen Grundgedanken unserer Verfassung entfernt sind. Die ZDF-Journalistin Nicole Diekmann fasste es im April 2020 so zusammen: »Sollte sich irgendwann der Gedanke Bahn brechen, das nicht jede/r, der/die anderer Meinung ist, automatisch doof ist, ist Twitter tot.«[41]

Das sind allesamt Gründe, warum ich – anders als Robert Habeck – mit diesem Medium gar nicht erst angefangen habe. Ich wusste schon vorher, wie Twitter funktioniert.

Journalisten sehen sich gerne als gesellschaftlich-moralische Autorität, die politische Zusammenhänge möglichst neutral, mindestens aber nüchtern für die breite Öffentlichkeit einordnen können. Bei Twitter lesen wir dann bei einigen, dass sie gerne auch einmal privat unterwegs sein wollen. Dort erscheint dann »mein persönlicher Senf zur internationalen und Bundespolitik« (Thomas Walde, ZDF), »my page, my mind, my opinion, my view« (Dunja Hayali, ZDF) oder »views are my own« (Ingo Zamperoni, ARD). Das ist zunächst noch kein Problem, wenn sich die Journalisten dann auch in ihrer angeblich »privaten« Rolle ihrer besonderen Verantwortung für den demokratischen Meinungsstreit und für unsere Debattenkultur bewusst sind. Die Funktion als staatstragende und staatserhaltende »Vierte Gewalt«, die gerne bemüht wird, wenn man seine eigene Bedeutung für die Welt herausstreichen möchte, kann man dann nicht einfach wie einen Wollpullover ablegen, sobald dieser zu kratzen beginnt. Entweder man trägt in dieser Rolle eine gesamtgesellschaftliche Verantwortung und verhält sich entsprechend, oder man mischt sich aktiv und lautstark in politische Fragen ein. Beides gleichzeitig geht nicht.

Einem Vertreter der Ersten Gewalt wird schließlich auch nicht zugebilligt, dass er neben einer öffentlichen Rolle auch eine privat-öffentliche Rolle innehaben darf. Ich erinnere daran, dass die *Bild*-Zeitung Christian Lindners private Urlaubsreise nach Amsterdam während des Hamburger Bürgerschaftswahlkampfes im Februar 2020 kritisch kommentierte. Lindner habe die Hamburger Parteifreunde im Stich gelassen, so der Vorwurf.[42] Sein »Fehler« war: Er hatte ein Foto dieser Reise auf Instagram veröffentlicht.

Diese diffuse Trennlinie zwischen Öffentlichkeit und Privatheit war wohl auch der Grund, warum der *Spiegel* nach dem Relotius-Trauma für seine Redakteure festgelegt hat, sie müssten sehr sorgsam im Netz auftreten. In den »*Spiegel*-Standards« vom Januar 2020 heißt es deshalb in einer erfrischenden Klarheit:

> Redakteurinnen und Redakteure müssen sich bewusst sein, dass sie in den sozialen Netzwerken immer als Mitarbeitende des SPIEGEL wahrgenommen werden, auch wenn sie unter Pseudonymen auftreten. Der Hinweis »privat hier« in der Biografie schützt nicht. Jeder Like und jeder Retweet kann – sofern keine Einordnung erfolgt – als zustimmende Aussage des SPIEGEL gewertet werden. Deshalb gilt besondere Sensibilität bei allen Aktivitäten in den sozialen Netzwerken.[43]

Die Motive waren und sind richtig. Es ging schließlich auch darum, Vertrauen in die Lauterkeit des eigenen Tuns und Glaubwürdigkeit zurückzugewinnen. Dumm nur, dass wenige Wochen später ein Redakteur des *Spiegels* dieses zarte Pflänzchen auf Twitter wieder niedertrampelte. Nach der Vorstellung des Kandidaten für den CDU-Vorsitz, Friedrich Merz, bei der sich dieser durchaus umstritten zu Clankriminalität und Rechtsextremismus äußerte, stellte der Redakteur apodiktisch fest: »So jemand darf nicht Kanzler werden.«⁴⁴ Damit war seine journalistische Linie der folgenden Wochen klar – und die Motive des *Spiegels* konterkariert.

Während dem privat finanzierten *Spiegel* diese Problematik wenigstens bewusst ist, scheint dies bei den gebührenfinanzierten öffentlich-rechtlichen Sendern interessanterweise keine größere Bedeutung zu haben. Zwar gibt der WDR in seinen Programmrichtlinien an: »Mit unseren Informationsangeboten setzen wir einen hohen professionellen Standard. Der WDR informiert unabhängig und überparteilich.«⁴⁵ Wenn man aber »privat« bei Twitter unterwegs ist, können Fragen der Parteilichkeit gänzlich unberücksichtigt gelassen werden.

So macht auch der bereits erwähnte »Monitor«-Chef Georg Restle (Twitter-Bio: »[…] Redaktionsleiter Monitor (ARD). Spricht für sich.«) aus seiner »privaten« Abneigung gegen bestimmte politische Kräfte keinen Hehl. Nach den turbulenten Tagen um die – zu Recht umstrittene – Wahl meines Parteifreundes Thomas Kemmerich zum Ministerpräsidenten in Thüringen und dem folgenden Rücktritt von Annegret Kramp-Karrenbauer als CDU-Chefin twitterte Restle: »AKK geht, Lindner bleibt. Wer politische Glaubwürdigkeit schätzt, hat heute den falschen Rücktritt erlebt.«⁴⁶

Es ist gut zu wissen, dass sich der öffentlich-rechtliche »Monitor« offenbar als Richter über politische Glaubwürdigkeit versteht. Deshalb fühlt er sich wohl auch ermächtigt, »unabhängig und überparteilich« über das Personal von Parteien mitzuentscheiden.

Zum Schluss: In einer freiheitlichen Demokratie sollte sich verantwortlicher Journalismus niemals in Aktivismus ergehen. Einen Journalismus, der auf bloße Stigmatisierungen setzt, Probleme auf Schwarz-und-Weiß-Fragen vereinfacht, Menschen und Organisationen bestimmte Embleme anheftet, brauchen wir nicht. Im Sinne Anja Reschkes: Er muss die Freiheit unserer Verfassung vorleben, ihr immer wieder Geltung verschaffen. Er muss außerdem die Vielfalt der Stimmen, Stimmungen und Empfindungen einfangen und ernst nehmen – und nicht als »Mist« rundheraus abtun. Er muss eine Leistung zum Diskussionsfortschritt erbringen, nicht nur Aufmerksamkeit und Schlagzeilen generieren. Dass der Einsatz für die Verfassung manchmal auch moralisch schwierige Situationen schafft, ist von Journalisten transparent zu erklären und letztlich immer im Sinne der Verfassung auszuhandeln.

Deshalb muss es Aufgabe der freien Presse sein, selbst einen Weg zu einer notwendigen Mitte zu finden: zwischen ihrer wichtigen Funktion als »Vierte Gewalt« und ihrem eigenen Anspruch, darüber hinaus etwas für unser gesellschaftliches Zusammenleben zu bewirken. Offensichtlich ist leider, dass diese Suche noch andauert. Und ich befürchte, in der sich zunehmend verhärtenden gesellschaftlichen Diskussionslage haben wir auch nicht mehr allzu viel Zeit.

Die gesellschaftliche Dimension

Das Gift von rechts und unser Gegengift

Ich gebe zu, über dieses Thema könnte man mittlerweile sicherlich ein mehrbändiges Buch schreiben. Was wir in den vergangenen Jahren an (rhetorischer) Radikalisierung auf der äußeren rechten Seite erlebt haben, kann in diesem Rahmen eigentlich nur unvollständig angerissen werden. Dennoch möchte ich zumindest in Grundlinien die rechten Gefahren für die Meinungsfreiheit aufzeichnen. Und ich will mich der schwierigen Frage nähern, was wir in dieser Auseinandersetzung falsch machen und was wir stattdessen tun können.

Zunächst zu einer nüchternen Feststellung: Die parlamentarische Existenz der AfD ist keine Bereicherung für unsere Demokratie. Gleichwohl muss es unsere Pflicht als Demokraten sein, mit der Tatsache umzugehen, dass eine beträchtliche Zahl von Menschen dieser Partei ihre Stimme gibt. Was sich innerhalb kurzer Zeit im Bundestag und in den Landtagen abzeichnete, ist, dass die AfD bewusst an der Verschiebung des demokratischen Diskurses arbeitet.

Die AfD kultiviert Ressentiments gegen Ausländer. Sie ist in weiten Teilen antieuropäisch, nationalistisch, homophob und verfolgt ein ethnisch-biologisches Volksverständnis. Ich erspare uns allen hier entsprechende Zitate in Langform. Es gibt ausreichend davon.

Außerdem agiert sie doppelgesichtig. »Systempartei« kann nur von Menschen als Schimpfwort gebraucht werden, die das parlamentarische »System« ablehnen. Letzteres unterdrücke die AfD, so deren weinerliches Narrativ. Wenn es aber darum geht, ihre eigenen Rechte zu wahren, ruft sie schnell nach den entsprechenden staatlichen Institutionen. Der Rechtsstaat funktioniert demnach, wenn die AfD vor Gericht Recht bekommt, und versagt, wenn dies nicht der Fall ist. Es handelt sich um eine Art larmoyante Rosinenpickerei.

Deren Abgeordnete spielen bei ihren Botschaften vielfach mit den gedanklichen Assoziationen der Empfänger. Wenn also ein Redner in einer Debatte über den Doppelpass das Wort »entartet« verwendet,[1] weiß er genau, was er damit – insbesondere im Reichstagsgebäude – symbolisch auslöst. Wenn ein anderer Redner über den Bundeshaushalt erklärt, es liege »Krematoriumsasche« über dem Etat,[2] weckt dies bewusst historische Assoziationen an die schlimmsten Verbrechen, die im deutschen Namen verübt wurden. Aber auch bei Ergüssen über »Umvolkung«, »Schuldkult«, »alimentierte Messermänner«, »Kopftuchmädchen« und eine »Entsorgung« von Menschen in Anatolien fühlt man sich als anständiger Demokrat herausgefordert. In der Regel sind solche Aussagen aber von der Meinungsfreiheit gedeckt. Rechtlich bewegen sich die AfD-Vertreter damit überwiegend im legalen Rahmen. Nur sehr selten wurden sie für ihre Äußerungen gerichtlich in die Schranken gewiesen.

Einen zersetzenden Effekt auf den gesellschaftlichen Diskurs haben diese grenzverschiebenden Worte dennoch. Denn sie vermitteln den Eindruck, Rüpelhaftigkeit, Ausländerhass, die Ablehnung von Konventionen, das Verspotten von Institutionen und – nicht zuletzt – Menschenverachtung wären akzeptable Verhaltensweisen in einer Demokratie. Das sind sie aber nicht.

Die Universität Leipzig hat Anfang 2020 in einer Studie herausgefunden, dass sich hinter dieser Partei Wählerinnen und Wähler versammeln, die antidemokratische, antisemitische und muslimfeindliche Positionen vertreten. Diese wählen die AfD nicht trotz, sondern wegen ihrer tendenziell undemokratischen Haltung. Die Gewaltbereitschaft und die Neigung zu Verschwörungstheorien fallen in dieser Gruppe am höchsten aus.[3] Die AfD verbreitet also nicht nur Chauvinismus und Fremdenangst, sie zieht auch Menschen an, die bereit sind, dieser ideologischen Weltsicht entsprechende Taten folgen zu lassen. So konnte sich der Mörder von Walter Lübcke durchaus auf ein gedankliches Klima stützen, das die AfD zuvor als parlamentarische Kraft mitgestaltet hatte. Dass dieser dann allerdings wirklich zur Tat schritt, kann man der Partei nicht direkt anlasten. Ich halte die ziemlich geraden Linien, die beispielsweise die CDU in einem Vorstandsbeschluss nach dem Lübcke-Mord zur AfD gezogen hat,[4] aus rechtsstaatlichen Gründen deshalb für hochproblematisch.

Denn wenn es der Fall sein sollte, dass führende Repräsentanten der AfD Mitschuld an einem politischen Mord tragen, dann wäre es vornehmste demokratische und rechtsstaatliche Pflicht, die Partei zu verbieten. Damit wäre nämlich der Tatbestand erfüllt, den das Bundesverfassungsgericht 1956 zum KPD-Verbotsverfahren aussprach:

> Eine Partei ist nicht schon dann verfassungswidrig, wenn sie die obersten Prinzipien einer freiheitlichen demokratischen Grundordnung […] nicht anerkennt; es muß vielmehr eine aktiv kämpferische, aggressive Haltung gegenüber der bestehenden Ordnung hinzukommen.[5]

Die physische Beseitigung des politischen Gegners wäre glasklar im Rahmen dieser Definition. Doch diesen Schluss eines AfD-Verbots zog die CDU nicht. Wir ahnen, warum.

Wenn es aktuell keine rechtlichen Möglichkeiten gibt, der Grenzverschiebung nach rechts etwas entgegenzusetzen, müssen wir also etwas anderes tun. Höchste moralische Empörung hilft nicht weiter. Im Gegenteil, eher ist zu erwarten, dass die ständige Entrüstung, die dauernde Warnung vor den »Nazis« viele Menschen irgendwann nicht mehr erreicht. Schon jetzt müssen wir zur Kenntnis nehmen, dass das pauschale »Wir gegen die« eine Lagerbildung fördert und einen Spaltpilz in unsere Gesellschaft setzt. Differenziertere Erklärungsversuche, wie mit dem Zulauf zur AfD umzugehen ist, werden hysterisch als gefährliche Relativierungen eingeordnet. Solche Angriffe führen auch dazu, dass sich Menschen trotzig vom Diskurs abwenden.

Ein Beispiel: Der ehemalige Bundespräsident Joachim Gauck forderte Ende Februar 2020 auf einer Veranstaltung in Düsseldorf eine »erweiterte Toleranz« gegenüber rechts – so stand es in der Überschrift einer Meldung von *Welt Online*. Wenige Wochen nach dem schrecklichen Anschlag in Hanau, bei dem der Attentäter neben seiner Mutter neun Menschen mit Migrationshintergrund ermordet hatte, war dies zunächst einmal erklärungsbedürftig. Las man nach der Überschrift weiter, wurde allerdings klar: Gauck wollte Radikalismus, Hass und Menschenfeindlichkeit überhaupt nicht beschönigen. Hier sei »Intoleranz angesagt«. Gauck rief stattdessen dazu auf, mutig in den Streit mit den demokratisch gewählten rechten Populisten zu gehen und sie nicht auszugrenzen. »Sonst gibt es einen Solidarisierungseffekt gerade unter denen, die nicht politisch denken.«[6]

Mit gewählten Parlamentariern reden – so weit, so demokratisch. Denn Gauck hatte ausdrücklich den Faschismus und Forderungen nach einer Diktatur als außerhalb des Zulässigen bezeichnet. Dies erfordere »kämpferische Intoleranz«. Das ist im Übrigen Verfassungsauftrag der wehrhaften Demokratie. Nicht mehr und nicht weniger.

Was sich jedoch anschließend in den sozialen Netzwerken abspielte, offenbart unser großes Problem beim Umgang mit dem rechten Gift. Denn es scheint, als hätten die meisten nach der Überschrift aufgehört zu lesen und sich einer bloßen Stigmatisierung hingegeben. Gauck wurde also der pöbelnden Einfachheit halber in eine der beiden Schubladen – »Gut« und »Böse« – gesteckt.

Canan Bayram, grünes Mitglied des Bundestages twitterte: »Aus Respekt vor dem Amt des Bundespräsidenten und mit Rücksicht auf das Alter: Ich wünschte, Sie hätten das nicht gesagt, Herr Gauck, denn damit haben Sie viele Menschen verletzt.«[7] Sawsan Chebli, Berliner Staatssekretärin von der SPD, schrieb:

> Ist übrigens nicht das erste Mal, das der Ex-Bundespräsident mit Aussagen über mehr Toleranz gegenüber rechts irritiert. Sehen diese Leute nicht, was im Land gerade los ist? Wir verlieren die 3. und 4. Generation der Migranten.[8]

Und der Internet-Aktivist Sascha Lobo verkündete gewohnt sachlich: »Hege inzwischen den ungeheuerlichen Verdacht, dass Joachim Gauck einfach eine komplette Flitzpiepe ist.«[9]

Man kann alle drei Kommentare aus den verschiedensten Gründen kritisieren. Gemein haben sie: Alle drei *wollten* Gauck so missverstehen, dass seine Äußerungen besser in ihre eigene Agenda passen. Und weil er aus ihrer Sicht nicht zu 100 Prozent gegen »rechts« ist, vermittelten sie das ungute Gefühl, als würde der ehemalige Bundespräsident nicht fest auf dem Boden der freiheitlichen Demokratie stehen und die AfD hofieren.

Unser Problem im Umgang mit »rechts« ist ganz offensichtlich der überragende Wunsch vieler Menschen nach einem binären Weltbild. Doch es zeigt sich leider, dass dies nicht hilft, um unsere Gesellschaft gegen das rechte Gift zu immunisieren. Vielmehr immunisiert man damit viele Menschen, die rundheraus als »Nazis« ausgegrenzt werden, gegen bessere Argumente. Wenn wir Demokraten uns ausschließlich über Ausgrenzung von anderen definieren, verlieren unsere guten Argumente an Bedeutung. Für die Meinungsfreiheit ist eine solche Entwicklung bedrohlich. Verlangt man nur noch »Haltung«, findet der demokratische Streit nicht mehr statt.

Was also können wir tun? Da wir nicht mit Einsicht von Rechtsaußen rechnen können, sollten wir *unser* Verhalten einer kritischen Überprüfung unterziehen. Denn wir sind uns alle einig, dass das rhetorische Gift von rechts nicht wirken darf. Dann sollten wir uns auch darauf einigen können, dass das antifaschistische Gegengift nicht überdosiert wird. Will heißen: Werfen wir Fenster in der AfD-Geschäftsstelle ein, ist das zwar irgendwie gegen die Rechten, aber längst nicht vernünftig, jedenfalls nicht legal und auch nicht legitim.

Die Kommunikation der AfD spielt mit dem Tabubruch und will Empörung produzieren. Sie lebt von der Angst und dem Hass, der ihr entgegenschlägt. Wir tun also gut daran, ihr diese Macht zu entziehen. Wir müssen nicht über jedes Stöckchen springen, das uns die Partei hinhält. Wenn wir sie einfach häufiger mit ihren Provokationen abtropfen lassen, haben wir viel mehr gewonnen. Stellen wir uns als Demokraten nicht gleich gegenseitig infrage, wer nun »besser« und am weitesten von der AfD entfernt sei, gelingt auch keine Spaltung von »rechts«. Würden wir uns über die Plumpheit der Versuche, Demokraten gegeneinander aufzuhetzen, lustig machen, verlöre die AfD ihren Schrecken. Wir sollten sie nicht *in den* Arm, sondern gelegentlich *auf den* Arm nehmen.

Was die wichtigste Aufgabe der Demokratie in dieser Frage ist, zeigt eine Studie des Münchener Sinus-Institutes. Im Auftrag des Bundeskanzleramtes wurde die Anfälligkeit der Bundesbürger für rechtsradikale Parolen untersucht. Die Ergebnisse sind erschreckend:

> Insgesamt 13 Prozent der Wahlbevölkerung […] haben ein ideologisch geschlossenes rechtsextremes Weltbild, dessen Hauptstützen ein nationalsozialistisches Geschichtsbild, Hass auf Fremdgruppen, Demokratie und Pluralismus sowie eine übersteigerte Verehrung von Volk, Vaterland und Familie sind.

Nicht weniger schlimm ist, dass die Hälfte von jenen, etwa 6 Prozent der Wählerinnen und Wähler, politisch motivierte Gewalt bis hin zum Terror gegen Menschen billigten. Diese Erkenntnisse wurden schließlich im *Spiegel* veröffentlicht – im März 1981.[10]

Diese Zahlen sollen die heutige rechte Gefahr für die Demokratie und Meinungsfreiheit auf keinen Fall verharmlosen. Sie deuten aber darauf hin, dass es in unserer Gesellschaft einen sehr stabilen Bodensatz rechtsextremistischen Gedankenguts gibt. Das darf uns in unserem Bestreben, für eine offene und tolerante Gesellschaft zu streiten, nicht demoralisieren. Es sollte uns vielmehr aufzeigen, dass dies eine immerwährende Aufgabe ist.

Die Rechnung ist leider einfach: Wenn die Demokraten nachlassen, wenn sie sich sogar untereinander die Demokratietauglichkeit und -willigkeit absprechen, werden die Extremisten stärker. Lassen wir es nicht so weit kommen.

Die gefährliche Übergriffigkeit der politischen Mitte

Es gibt nicht nur auf der äußeren rechten Seite des politischen Spektrums Menschen, die an der Dekonstruktion unserer Demokratie und ihrer Organe arbeiten. Auch in der politischen Mitte gibt es hin und wieder Bestrebungen, den Rechtsstaat und demokratische Spielregeln anlassbezogen außer Kraft zu setzen. Wenn es vermeintlich höhere Motive gibt, wenn es also gegen »rechts« geht, machen selbst Demokraten manchmal vor Regelbrüchen nicht Halt. So kommt man als Verteidiger des Rechtsstaates plötzlich in die unangenehme Situation, die demokratischen Rechte der undemokratischen Rechten verteidigen zu müssen. Das ist alles andere als schön, aber leider immer häufiger notwendig.

Ein Beispiel: Im Februar 2016 behandelte der Landtag von Schleswig-Holstein einen Antrag der regierungstragenden Fraktionen von SPD, Grünen und dem Südschleswigschen Wählerverband (SSW). Es war die Zeit der Flüchtlingskrise, nur wenige Wochen nach der erschütternden Kölner Silvesternacht. Die Koalition wollte mit einer Resolution gegen rechten Populismus ein leuchtendes demokratisches Zeichen für mehr Toleranz und gegen fremdenfeindlichen Hass setzen. Das war aller Ehren wert. Doch im festen Willen, etwas Gutes zu tun, schossen Ralf Stegner und seine Leidensgenossen übers Ziel hinaus. In dem Antrag formulierten sie, der Landtag »stellt sich den neuen rechten Parteien wie der AfD entschlossen entgegen und sucht die politische Auseinandersetzung in der Öffentlichkeit«.[11]

Was im ersten Moment möglicherweise vollkommen korrekt klingen mag, ist in Wahrheit rechtsstaatlich zweifelhaft, sogar gefährlich. Denn SPD, Grüne und SSW wollten das Legislativorgan Landtag dazu nutzen, eine missliebige Partei auszugrenzen. Der Landtag – und nicht die Wählerinnen und Wähler – sollte mit Mehrheit also entscheiden, ob die AfD ein gutes oder schlechtes politisches Angebot macht. Hiermit erhoben sie das moralische Mehrheitsprinzip über das Rechtsstaatsprinzip. Das war nichts anderes als ein Missbrauch der politischen Macht zulasten rechtsstaatlicher Prinzipien. Die Frage stellte sich: Was passiert eigentlich, wenn es einmal andere moralische Mehrheiten geben sollte? Gelten rechtstaatliche Prinzipien dann wieder uneingeschränkt?

Ein ähnliches Demokratieverständnis zeigte die SPD im nordrhein-westfälischen Landtag im Februar 2020. Die Sozialdemokraten wollten einen Eilantrag einbringen, in dem festgeschrieben werden sollte, »dass die Wahl eines Ministerpräsidenten des Landes Nordrhein-Westfalen niemals von den Stimmen von AfD-Abgeordneten abhängen darf«. Außerdem dürfte es »keine Gesetzesbeschlüsse im hiesigen Landtag geben, die nur durch die Stimmen von AfD-Abgeordneten eine Mehrheit gefunden haben«.[12]

Das ist so krass verfassungswidrig, dass es einem die Schuhe auszieht, stellt es doch einen klaren Angriff auf das freie Mandat der Abgeordneten sowie auf das Prinzip der freien und geheimen Wahl dar. Niemand, nicht einmal eine gutmeinende Sozialdemokratie, darf einem Abgeordneten eines deutschen Parlaments vorschreiben, wie er sich zu verhalten und wie er abzustimmen hat. Der Landtagspräsident entschied daher richtigerweise, den Eilantrag nicht auf die Tagesordnung zu nehmen.

Im Juni 2020 wies das Bundesverfassungsgericht Bundesinnenminister Horst Seehofer von der CSU in die Schranken. Seehofer hatte auf der Internetpräsenz seines Ministeriums ein Interview veröffentlicht, in dem er hart gegen die AfD austeilte und deren Gebaren unter anderem als »staatszersetzend« bezeichnete. Die Karlsruher Richter kamen in einem lesenswerten Urteil zum Schluss, dass Seehofer seine Neutralitätspflicht verletzt und unzulässig in das Recht der AfD auf chancengleiche Teilnahme am politischen Wettbewerb eingegriffen habe:

> Demokratische Legitimation im Sinne des Art. 20 Abs. 2 GG vermögen Wahlen und Abstimmungen aber nur zu vermitteln, wenn sie frei sind. Dies setzt nicht nur voraus, dass der Akt der Stimmabgabe frei von Zwang und unzulässigem Druck bleibt, sondern, auch, dass die Wählerinnen und Wähler ihr Urteil in einem freien und offenen Prozess der Meinungsbildung gewinnen und fällen können.[13]

In Wetzlar ignorierte 2018 ein sozialdemokratischer Bürgermeister in seinem Kampf gegen »rechts« sogar die Gewaltenteilung, weil er sich fest vorgenommen hatte, eine Parteiveranstaltung der NPD zu verhindern. Nicht einmal ein letztinstanzlicher Beschluss des Bundesverfassungsgerichtes konnte ihn von seinem Vorhaben abbringen. Die Stadthalle blieb an jenem Tag auf Anordnung der städtischen Verwaltung geschlossen. Rechtswidrig, versteht sich.[14]

Nun kann man es niemandem vorwerfen, wenn er die NPD nicht mag, und zum Glück mögen diese Partei auch nur sehr wenige. Dass die Nationaldemokraten nicht gut auf unsere freiheitlich-demokratische Grundordnung zu sprechen sind, ist eine Tatsache. Darin liegt aber noch lange kein Grund, sich wegen der NPD selbst über unsere demokratischen Grundprinzipien hinwegzusetzen. Denn gegen »rechts« ist nicht alles erlaubt. Wir schützen unsere demokratischen Werte und Regeln nicht, indem wir sie bei Gegnern der Verfassung nach eigenem Ermessen außer Kraft setzen. Das Gegenteil gilt: Erst wenn wir sie auch in schwierigen Situationen verteidigen, im Zweifel auch für die Rechte der Verfassungsfeinde einstehen, beweist sich die Stärke der Demokratie – und der Demokraten.

Vergleichbares gilt auch für unsere Sprache. Es bringt uns nicht weiter, wenn Demokraten dieselben Sprachmuster verwenden, die sie bei anderen – zu Recht – als antidemokratisch und hetzerisch kritisieren. Dass diese Pöbelei in breiten Kreisen durchaus fröhliche Urständ feiert, zeigen folgende Beispiele: Nach der Wahl Thomas Kemmerichs zum Thüringer Ministerpräsidenten schrieb Timon Dzenius vom Bundesvorstand der Grünen Jugend auf Twitter: »Als nächstes sind Kemmerich, Mohring & Lindner fällig. Vorher geben wir keine Ruhe!«[15] Weit entfernt von Alexander Gaulands Ausruf »Wir werden sie jagen« in Richtung der Bundesregierung war das nicht. Der ehemalige »Gottkanzler« Martin Schulz wünschte Gauland auf den »Misthaufen der Geschichte«.[16] Der frühere CDU-Staatssekretär im Innenministerium, Marco Wanderwitz, übernahm ziemlich direkt NSDAP-Sprache und nannte ebendiesen Gauland »giftigen Abschaum«.[17] Und auch das CDU-Bundesvorstandsmitglied Elmar Brok übernahm Sprachmuster der Nationalsozialisten und bezeichnete die Werte-Union als »Krebsgeschwür«, das man »mit absoluter Rücksichtslosigkeit bekämpfen« müsse.[18]

Demokraten sollten immer beispielgebend, ihre Sprache stilbildend sein. Zeigen wir die Stärke und Überlegenheit unserer demokratischen Streitkultur, wenn wir uns genauso niederträchtig und respektlos verhalten wie unsere Gegner? Sicher nicht.

Wir müssen sehr aufpassen, dass sich unsere Sprache nicht der Sprache der Gegner der Demokratie anpasst. Wenn wir behaupten, Hass und Hetze der Antidemokraten seien für extremistische Gewalt und politischen Mord mitverantwortlich, dann sollten wir auf unsere eigene Wortwahl besser achten. Denn sonst ziehen auch im vermeintlichen Namen der Demokratie Menschen los und schmeißen für die »gute Sache« Scheiben ein, beschmieren Hauswände oder attackieren Andersdenkende.

Dann unterscheidet uns nur noch die angeblich »richtige« Haltung von den Extremisten. Die Taten sind aber dieselben.

Sprachpolizeiliche Maßnahmen

Im politischen Berlin muss man schon des rhetorischen Slaloms kundig sein, um nirgendwo ins Fettnäpfchen zu treten. Ich hatte es 2017 in den Sondierungsgesprächen über eine mögliche Jamaika-Koalition schon erlebt, dass man jede Äußerung von mir auf der Gegenseite von allen möglichen Blickwinkeln betrachtete, deutete und interpretierte – immer mit der Frage im Hinterkopf: »Was hat er *eigentlich* gemeint?« Irgendwann sagte ich zu Angela Merkel:

> Frau Bundeskanzlerin, das ist mir zu anstrengend. Denn ich muss mir offenbar immer überlegen, wie ich etwas formulieren soll, damit die andere Seite meine Worte so interpretiert, dass die Interpretation mit dem, was ich wirklich sagen möchte, übereinstimmt. Gehen Sie davon aus, dass ich sage, was ich meine.

In der politischen Auseinandersetzung auf offener Bühne ist das ganz ähnlich. Dort setzt man diese Art der Wortinterpretation als politisches Kampfmittel ein. Jede Äußerung vom Kontrahenten wird säuberlich seziert und anschließend unter den übelstmöglichen Gesichtspunkten beleuchtet. So kommt man am Ende auf sehr verlässlichem Wege dazu, den anderen moralisch einwandfrei in den Senkel stellen zu können. Ein ehrlich gemeintes Lob kann auf diese Weise spielend als beleidigend, als frauenfeindlich und als sexistisch umdefiniert werden.

Mein sehr geschätzter Fraktionskollege Gero Hocker hatte im Sommer 2018 in einer Plenardebatte über Landwirtschaftspolitik seine Worte direkt an Julia Klöckner gerichtet, als er sagte:

> […] verehrte Frau Ministerin, es reicht unserer Meinung nach für eine Bundeslandwirtschaftsministerin nicht aus – das meine ich voller Wertschätzung –, charmant aufzutreten, ohne Frage, bei Bauerntagen die Sprechzettel vorzulesen, die von Mitarbeitern Ihres Hauses verfasst wurden, und dabei immer eine gute Figur zu machen […].[19]

Abgeordnete von Union, SPD und Linken gingen daraufhin an die Decke. Zurufe kamen wie »Me too!«, »Unverschämtheit!« sowie »Das war Sexismus!«. Als amtierender Präsident versuchte ich mäßigend einzugreifen und erklärte: »Also, die Tatsache, dass man sagt: ›Die Ministerin tritt charmant auf‹, empfinde ich momentan nicht als Angriff auf ihre Persönlichkeit.« Das beruhigte die Szenerie aber eher nicht, sondern rief erneuten Widerspruch von SPD und Linken hervor. Auf den Zuruf »unglaublich« erklärte ich: »Stellen Sie sich mal vor, er hätte gesagt: ›Sie tritt uncharmant auf‹, das wäre noch viel unglaublicher.« Darauf folgte der wirklich diskriminierende Einwurf einer Abgeordneten aus den Reihen der Linken: »Das werden die alten Männer auch noch lernen!«[20]

Lehnen wir uns entspannt zurück und versuchen wir uns – wie vorher bei Tönnies – an der Gegenprobe. Eine innenpolitische Sprecherin der Linken sagt in einer Plenardebatte zum Beispiel an die Adresse von Horst Seehofer:

> […] verehrter Herr Minister, es reicht unserer Meinung nach für einen Bundesinnenminister nicht aus – das meine ich voller Wertschätzung –, charmant aufzutreten, ohne Frage, bei Polizeikongressen die Sprechzettel vorzulesen, die von Mitarbeiter*Innen Ihres Hauses verfasst wurden, und dabei immer eine gute Figur zu machen […].

Wären die Sozialdemokraten und Linken hier ebenfalls an die Decke gegangen und hätten Sexismus beklagt? Vermutlich nicht. Hätte nun aber ein Abgeordneter der FDP erklärt: »Das werden die jungen Frauen auch noch lernen!« – dann mit Sicherheit schon.

Dies zeigt, dass sich der Sexismus, der in der Debatte beklagt wurde, vor allem in den Köpfen der Empörten selbst abgespielt hat. Wenn eine Äußerung sexistisch ist, dann sollte es keinen Unterschied machen, wer diese Äußerung tätigt. Dass es dennoch einen Unterschied macht, zeigt, dass der Sexismusvorwurf manchmal als moralische Waffe im Meinungskampf eingesetzt wird, um die andere Seite zu diskreditieren.

Der dahinterstehende Gedanke ist der: Man unterstellt einfach, der Attackierte würde heimlich Überlegenheitsgefühle gegenüber Frauen hegen. Deshalb sei eine Aussage von ihm anders zu werten, als wenn eine Frau dieselbe Aussage machen würde. Denn die innere Haltung sei ja eine andere. Damit machen diejenigen, die anderen vorwerfen, sie würden Menschen aufs Geschlecht reduzieren, genau das: Sie reduzieren bestimmte Menschen auf ihr Geschlecht – sowohl »Opfer« als auch »Täter« –, um sich mittels einer moralischen Anklage des »Täters« einen Vorteil im Meinungskampf zu verschaffen.

Ich will Sexismus als gesellschaftliches Problem, das fast ausschließlich von Männern ausgeht, damit nicht kleinreden oder verniedlichen. Aber wir relativieren wirklichen Sexismus, wenn wir – wie bei diesem genannten Beispiel – Maß und Mitte verlieren und Menschen mit einem willkürlich scheinenden Unwerturteil belegen, das ihn als mindestens Halbkriminellen moralisch stigmatisiert. Das Ergebnis ist nämlich keine Öffnung des Debattenraumes, sondern eine Verengung – für unsere Meinungsfreiheit definitiv eine schlechte Entwicklung.

Der Hintergrund dieser Art von sprachpolizeilichen Maßnahmen ist meistens gleich: Es gibt eine schützenswerte Minderheit, und es gibt bestimmte politische Kräfte, die sich als Anwälte dieser Minderheiten verstehen. Darin besteht grundsätzlich überhaupt kein Problem, im Gegenteil: Interessenvertretung ist Teil des politischen Geschäftes und ausdrücklich gewollt. Zum Problem wird es aber dann, wenn der Wunsch der politischen Kräfte, als Anwalt zu agieren, den Wunsch der Minderheit, verteidigt zu werden, übersteigt. Wahrhaftig kompliziert gestaltet sich die Sache schließlich für alle Beteiligten, wenn es innerhalb einer Minderheit eine Minderheit gibt, die eine andere Auffassung als die Mehrheit der Minderheit hat. Für wen gelten dann Minderheitenrechte?

Ein Beispiel: In einer Bundestagsdebatte über Antiziganismus im März 2019 nahm ein Redner von der AfD mehrfach das Wort »Zigeuner« in den Mund. Ich sah als sitzungsleitender Präsident zunächst jedoch keinen Grund, einzugreifen. Daraufhin wurde ich von der Parlamentarischen Geschäftsführerin der Grünen-Fraktion, Steffi Lemke, aufgefordert, diese angeblich diskriminierende Wortwahl als unparlamentarisch zu rügen. Ich erklärte, ich habe in der besagten Rede nichts entdecken können, was eine Ordnungsmaßnahme rechtfertigen würde. Die Grenzen der Meinungsfreiheit seien sehr weit gesteckt. Gleichwohl sagte ich zu, hierüber noch einmal im Ältestenrat zu sprechen.

Wenige Tage später erhielt ich ein Schreiben der Sinti Allianz Deutschland e.V. Hierin beklagte sich die Organisation über die sprachliche Übergriffigkeit der Grünen in der vorangegangenen Debatte. Diese hätten nicht das Recht darüber zu befinden, wie sich die Sinti und Roma selbst bezeichnen wollen. Denn:

> Nicht die Sammelbezeichnung Zigeuner wird als diskriminierend empfunden, sondern die ausgrenzende Bezeichnung »Sinti und Roma«, die dazu beiträgt, dass die Volksbezeichnung von etwa zwölf Millionen verschieden stämmigen Zigeunern […] tabuisiert wird. Im Übrigen sind wir der Auffassung, dass nicht die Bezeichnung Zigeuner geändert werden muss, sondern die Einstellung einiger gegenüber Zigeunern muss sich ändern. Ein Rassist, der Zigeuner hasst, wird sie nicht lieben aufgrund einer Namenstilgung zugunsten einer fragwürdigen unwissenschaftlichen Ersatzformel wie »Sinti und Roma«.

Der Vollständigkeit halber ist hinzuzufügen, dass diese Auffassung innerhalb der Minderheit der Sinti und Roma eine Mindermeinung ist. Die größte der Interessenvertretungen, der Zentralrat der Sinti und Roma, lehnt die Bezeichnung »Zigeuner« weiterhin ab. Dennoch gab es für mich als Sitzungspräsident aus rechtlicher Sicht keinen Grund und keine Handhabe, eine Ordnungsmaßnahme gegen die parlamentarische Verwendung des Begriffes »Zigeuner« zu ergreifen. Schon gar nicht, wenn es selbst innerhalb der Volksgruppe unterschiedliche Ansichten gibt.

Damit war dieser Vorgang für mich jedoch noch nicht abgeschlossen. Einige Monate später führte der *Tagesspiegel* mit mir ein

Interview über die Einschränkung der Meinungsfreiheit in Deutschland. Hier berichtete ich von dem Vorfall. Außerdem erklärte ich, dass ich es für grundfalsch halte, wenn Menschen als Rassisten bezeichnet werden, die aus Gewohnheit noch das Wort »Negerkuss« sagen. Denn in Deutschland werde zu viel über Begriffe gesprochen, und nicht darüber, *was* man sagt.

Wenige Tage später erhielt ich per E-Mail einen offenen Brief der Initiative »SintiRomaPride« – abgesandt von dem Mitglied eines Ortsverbandes der Grünen. Die Initiative warf mir vor, ich würde mit der Relativierung diskriminierender Worte, wie dem »N-Wort« und dem »Z-Wort«, einer gesellschaftlichen Unterdrückung von Minderheiten Vorschub leisten. Meine Berufung auf die Sinti Allianz wurde kritisiert, weil diese »weder eine offiziell legitimierte Organisation wie beispielsweise der Zentralrat Deutscher Sinti und Roma ist, noch für eine große Anzahl von Betroffenen spricht«.

Ich könne außerdem »nicht beurteilen, wie es sich für Betroffene aus den jeweiligen Communities anfühlt, mit solcher Sprache konfrontiert zu werden, weshalb seine Verteidigung und Relativierung eine weitere Diskriminierung darstellt.« Daher müsse ich mich entschuldigen und mich mit SintiRomaPride »und anderen Selbstorganisationen aus der Community« an einen Tisch setzen, um mich für diskriminierungsfreie Sprache sensibilisieren zu lassen.

Ich antwortete ein paar Tage später. Dort erklärte ich, dass ich mitnichten die Bezeichnung »Zigeuner« verteidigt habe, sondern nur darauf hinwies, dass die Verwendung des Begriffes in Deutschland nicht verboten sei. Vergleichbares gelte für den »Negerkuss«, der – ähnlich wie das »Zigeunerschnitzel« – im üblichen Sprachgebrauch der Menschen verankert sei. Die Verwendung des Begriffes »Zigeunerschnitzel« werde im Übrigen auch vom Zentralrat der Sinti und Roma nicht moniert.[21]

Abgesehen davon sei ich überrascht, dass SintiRomaPride die Berechtigung der Sinti Allianz bestreitet, für ihre Mitglieder zu sprechen – unter anderem mit der Begründung, die Sinti Allianz vertrete nur wenige Betroffene. Ich hätte gelernt, schrieb ich, eine

Minderheit innerhalb einer Minderheit zu sein, bedeute offenbar nicht immer, sich auf Minderheitenschutz berufen zu können. Abschließend gestand ich zu, dass ich einen Widerspruch im Schreiben von SintiRomaPride nicht selbst aufklären konnte:

> Wenn mir die Fähigkeit fehlt, mich in die Betroffenen der jeweiligen Communities hineinzuversetzen, ist das eine Sache. Warum SintiRomaPride hierbei aber die Berechtigung hat, auch für andere Communities zu sprechen, bleibt für mich vor diesem Hintergrund unklar.

Die Vertreter von SintiRomaPride waren offenbar in ihrer Rolle als Minderheitenvertreter derart aufgegangen, dass sie sich auch ermächtigt sahen, sich in andere Minderheiten gefühlsmäßig hineinzuversetzen und sich gleich zu deren Anwälten zu machen. Während sie sich selbst das Recht nahmen, für andere »Communities« zu sprechen, blieb es mir untersagt. So etwas nennt man gruppenbezogene Ausgrenzung.

Auch wenn die genannten Beispiele vielleicht zunächst für manche amüsant erscheinen mögen, machen sie ein großes, grundlegendes Problem deutlich. Diese Art der sprachlichen Überwachung, die hier zutage tritt, fördert eine Debattenkultur, die sich hauptsächlich damit beschäftigt, *wer* und *wie man* etwas sagt. Es ist eine Verbiegung des demokratischen Streitgedankens, den unsere Verfassungsmütter und -väter ursprünglich im Sinn hatten. Mit dieser Verzerrung wird nicht mehr miteinander für den Fortschritt gerungen, sondern zunächst einmal (gegeneinander) über die sprachliche Konformität gewacht. Wer sich nicht daran hält, oder wer sich aus gruppenbezogenen Gründen angeblich nicht in die Gefühle anderer hineinversetzen kann, darf demnach ausgegrenzt werden. Argumente spielen keine Rolle mehr. Aus dem fortschrittsfreundlichen Miteinander wird dadurch ein argwöhnisches Gegeneinander. Dies fördert eine rhetorische Uniformität, weil jede ungeschliffene Kante, jede angeblich »unberechtigte« Einmischung die Gefahr einer gesellschaftlichen Ächtung mit sich bringt. Und nicht nur das: Wenn es auch noch willkürlich erscheint, dass man auf der sprachlichen Anklagebank sitzt, wird der Debattenkorridor aus Furcht vor dieser Willkür immer schmaler.

Droht die ferne Aussicht, man könne dem anderen mit seiner Sprache Verletzungen zufügen, haben wir automatisch eine Schere im Kopf. Für die Meinungsfreiheit, die gerade auf die Konfrontation der unterschiedlichen Stimmen ausgelegt ist, die von der Vielfalt der sprachlichen Farben lebt, wirken solche sprachpolizeilichen Maßnahmen einengend und einschläfernd. Denken wir das zu Ende, dann haben wir bald nur noch abgefeilte, gezwungene, stumpfe Debattenbeiträge, die vielleicht gut klingen, aber niemanden begeistern, keine produktive Reibung erzeugen und keinen Widerspruch erregen. Das wäre nicht nur das Ende des gesellschaftlichen Fortschritts. Es wäre das Ende unserer Demokratie und unserer Freiheit.

Freiheit der Kunst versus Narrenfreiheit der Moralisten

Für den Besuch des iranischen Staatspräsidenten Hassan Rohani hatte man in Rom im Januar 2016 ganz besondere Vorkehrungen getroffen. Aus Respekt vor der iranischen Kultur und dem Glauben Rohanis verhüllten die Behörden mehrere »nackte« Statuen in den Museen auf dem Kapitol. Es hieß, den kulturell irritierenden Anblick wolle man dem Staatsgast ersparen, wenn dieser die Stadt mit seiner Anwesenheit beehre. Durch Italien ging ein Aufschrei. Vor allem auf der rechten Seite des politischen Spektrums versuchte man, aus dieser Geschichte Kapital zu schlagen. Im gesamten Land wurde diskutiert: Wie kann es sein, dass sich der Gastgeber an den Gast anpassen muss? Warum sollen wir uns für die großartigen kulturellen Leistungen unserer Vorfahren schämen? Was soll diese Form der kulturellen Unterwerfung?

Regierungschef Matteo Renzi beeilte sich zu erklären, dass er von der ganzen Sache nichts gewusst habe, und gab der Protokollchefin die Schuld. Später stellte sich heraus, dass es zuvor schon vergleichbare Fälle gegeben hatte. Renzi empfing zum Beispiel den Scheich Mohammed Bin Zayed al-Nahyan. Dieser hatte mit viel Geld geholfen, die italienische Fluglinie Alitalia vor der Pleite zu retten. Die rücksichtsvollen italienischen Gastgeber ersparten auch diesem wichtigen Gast die nackten Tatsachen.[22]

Dass Kunst im öffentlichen Raum nicht nur zu heftigen Auseinandersetzungen, sondern sogar zu Zensur führen kann, hat auch die deutsche Hauptstadt erfahren. Einige Monate nach Rohanis Rom-Besuch trat in Berlin der Allgemeine Studierendenausschuss (AStA) der Alice-Salomon-Hochschule auf den Plan. Die Hochschule hatte schon seit Längerem das Gedicht *avenidas* des Begründers der Konkreten Poesie, Eugen Gomringer, großflächig an der Hauswand prangen. Diese Hauswand war damit schon selbst zum Kunstobjekt geworden. In Spanisch stand dort: *Alleen/Alleen und Blumen/Blumen/Blumen und Frauen/Alleen/Alleen und Frauen/Alleen und Blumen und Frauen und/ein Bewunderer.* Über Kunst kann man bekanntlich streiten – und das tat der AStA auch. Denn ganz offensichtlich gefiel ihm das Gedicht nicht, und er erklärte es für sexistisch. Es reproduziere eine klassische patriarchale Kunsttradition mit Frauen ausschließlich als schönen Musen und erinnere »zudem unangenehm an sexuelle Belästigung, der Frauen* alltäglich ausgesetzt sind«. Wir lernen: Bewunderung kann auch an Unterdrückung erinnern.

Die Studierenden meinten es sehr ernst und schrieben im offenen Brief weiter:

> Die U-Bahn-Station Hellersdorf und der Alice-Salomon-Platz sind vor allem zu späterer Stunde sehr männlich dominierte Orte, an denen Frauen* sich nicht immer wohlfühlen können. Dieses Gedicht dabei anzuschauen wirkt wie eine Farce und eine Erinnerung daran, dass objektivierende und potentiell übergriffige und sexualisierende Blicke überall sein können.[23]

Abgesehen davon, dass die Hauswand nachts nicht beleuchtet wurde und es nicht einfach gewesen sein muss, die Zeilen in Spanisch zu lesen und entsprechende Schlüsse daraus zu ziehen: Dieser geballten moralischen Empörung hatte die Hochschule nichts entgegenzusetzen. Schließlich wollte man sich nicht dem Vorwurf ausgesetzt sehen, eine potenzielle Förderin von sexuellen Übergriffen zu sein. Das Gedicht wurde schließlich von der Wand entfernt und durch ein neues, angeblich weniger anstößiges ersetzt. *Avenidas* konnte man nun nur noch in einer kleinen »Gedenktafel« am Gebäude lesen. In Erinnerung an schlechte Zeiten.

So weit Rom und Berlin voneinander entfernt sind, so sehr gibt es zwischen beiden Fällen Parallelen. Bei beiden wurden Kulturgüter aus Rücksicht auf moralische Sittenwächter zensiert. Rohani hier, der AStA dort. Während wir hinter dem iranischen Sittenverständnis in der Regel ein archaisches Weltbild vermuten, hatten sich die Studierenden zum Ziel gesetzt, genau dies in unserer Gesellschaft aufzubrechen. Das ging allerdings ziemlich schief.

Folgen wir zunächst der Argumentation des AStA. Wenn es stimmen sollte, dass das Gomringer-Gedicht ein Klima der Erinnerung (!) an sexuelle Übergriffe befördert oder zumindest aufrechterhält, dann wäre die eigentliche Konsequenz, es grundsätzlich zu verbieten. Denn es dürfte keinen Unterschied machen, ob es nun an einer Hauswand steht oder ob man es im Schulunterricht behandelt. Erinnert werden kann sich schließlich immer. Mit der bloßen Zerstörung des Hauswand-Kunstwerkes wäre dem beschriebenen Problem also nicht gänzlich abgeholfen. Vollständige Tilgung, am besten auch aus der Erinnerung, wäre der erste Schritt zur Heilung. Zensur first, Genesung second – so die studentische Logik.

Unabhängig davon weiß niemand, warum und von wem die Frauen im Gedicht Gomringers bewundert werden. Wie die Studierenden auf »schöne Musen« kommen, bleibt außerdem unklar.

Es könnte ja sein, dass der Bewunderer, ein zehnjähriger Flüchtlingswaise aus dem Sudan, eine Gruppe von tief im Leben stehenden Physikerinnen betrachtet, die in einer kornblumenumrankten Allee auf dem Weg zu einer Wissenschaftskonferenz sind. Die Tatsache, dass der AStA eine sexualisierte Assoziation bei diesem Gedicht aufruft, bedeutet noch nicht, dass alle anderen dieser Interpretation folgen müssen. Vieldeutigkeit ist nun einmal ein Kernelement der Kunst. Und wenn wir uns stattdessen nur eindimensional verstehbarer Kunst zuwenden, wird es geistig arm in Deutschland.

Insofern ist die Intervention der Studierenden schon ein Versuch der Gedankenkontrolle. Denn die Deutung des Gedichtes soll nicht mehr individuell geschehen, sondern vom Urteil eines »Wertekollektivs« abhängen. Dies geschah hier im schlechtesten möglichen Sinne, indem Frauen zu Opfern gemacht werden. Der Verdacht liegt nahe, dass der AStA diese sexualisierte Lesart als billige Ausgrenzungswaffe gegen Andersdenkende einsetzt. Soll das die Zukunft unserer Freiheit sein? Oder: Soll das in Zukunft unsere Freiheit sein?

Die Argumentation der Studierenden ist auch an anderer Stelle inkonsistent. Das Gedicht Gomringers stammt aus den 1950er Jahren. Das patriarchale Gesellschaftsbild, das angeprangert wird, gibt es aber schon deutlich länger. Würden wir dies zu Ende denken, dann müsste man sämtliche Kunstwerke, die mit der »klassischen patriarchalen Kunsttradition« in Verbindung zu bringen sind, aus dem öffentlichen Raum verbannen. Denn diese würden dann ebenfalls unangenehm an sexuelle Belästigungen erinnern.

Konsequenterweise beträfe das auch die Kunst des alten Rom. Schließlich wurde die Stadt von zwei Männern gegründet. Das ist von Rohanis Kulturanspruch nicht mehr weit entfernt. Die Frage bleibt: Ist das noch Fortschritt?

Moral und ihre Wirkung

Grundsätzlich gilt: Wer in politischen Debatten rein moralisch argumentiert, hat keine inhaltlichen Argumente mehr. Der Einsatz von Moral ist daher in der Regel der letzte, hilflose Versuch, die Meinungshoheit über ein Gespräch zu gewinnen. Wenn die echten Argumente ausgehen, verspricht die sprichwörtliche Moralkeule im Meinungskampf gnadenlose Effizienz, weil der Kontrahent in die gesellschaftliche Unwertecke gestellt und damit automatisch Schachmatt gesetzt werden kann. Wer will schon als Minderheitenunterdrücker, Sexist oder Neonazi in der Öffentlichkeit stehen? Außer echten Minderheitenunterdrückern, Sexisten oder Neonazis sicher niemand.

Gelingt es also, das Gegenüber mit einem üblen Stigma zu versehen, erübrigt sich jede weitere Diskussion. Das Problem dabei ist jedoch, dass nicht mehr ernsthaft um den Fortschritt gerungen wird. Zudem grenzt man Menschen oder Organisationen systematisch aus und führt schließlich unsere offene Streitkultur ad absurdum. Es gibt also hauptsächlich Verlierer.

Ein Beispiel: Patriotismus ist heutzutage kein sonderlich beliebtes Motto für öffentliche Veranstaltungen. Man setzt sich damit leicht dem Vorwurf aus, keine klare Haltung gegen »rechts« zu haben. Interessant wird es, wenn Veranstalter ein solches Motto wählen, die man nicht einmal im Entferntesten mit rechtsextremem Gedankengut verbindet. Doch es ist egal, wo man sein gesamtes Leben zuvor politisch gestanden hat. Dem schnell herausgeschleuderten moralischen Vorwurf, man stünde rechts, kann man weder seine eigene Geschichte noch rationale Argumente entgegensetzen.

Die Veranstalter des Christopher Street Day (CSD) 2020 in Köln hatten es sich offenbar gut überlegt. Das kommende Motto der Lesben- und Schwulenparade sollte in Anlehnung an unsere Nationalhymne »Einigkeit! Recht! Freiheit!« lauten. Beabsichtigt war, mit einer fordernden Dankbarkeit auf die »rechtsstaatliche demokratische Ordnung« der Bundesrepublik aufmerksam zu machen, die eine »pluralistische und offene Gesellschaft« ermögliche. Außerdem, das sollten die Ausrufezeichen ausdrücken, verstand man dies auch als Aufruf zu noch mehr gesellschaftlicher Toleranz und Offenheit. Es war also beides: Der Stolz auf unsere verfassungsgarantierte Freiheit, die weltweit ihresgleichen sucht, und der Appell, künftig noch mutiger mit den vielfältigen Lebensentwürfen umzugehen.

In der Szene wurde der fordernde Impetus von vielen allerdings gar nicht mehr zur Kenntnis genommen, nachdem ein ungutes Gefühl von »rechts« in ihnen aufgestiegen war. Die meisten hatten sich offenbar schon schnell und ausreichend eine Meinung gebildet und zeigten sich für Erklärungen, was der tiefere Sinn des Mottos sein sollte, nicht mehr empfänglich. Mit dem Ergebnis, dass sich die Duldsamkeit einiger Toleranzfordernder sehr schnell erschöpfte.

In den sozialen Netzwerken wurde eine angeblich »nationale Rhetorik« beklagt, deshalb müsse die Botschaft des CSD »weniger missverständlich und deutlich inklusiver werden, um nicht einen großen Teil der Community auszuschließen«.[24] Die Veranstalter sahen sich Beschimpfungen ausgesetzt, die »teils schon an Rufmord« grenzten. Die Erregung komme auch von Personen, »die unsere vielfältigen Aktivitäten gegen Menschenfeindlichkeit verleugnen und uns in die rechte Ecke stellen wollen.«[25] Die Kölner Jugendorganisationen von Grünen, SPD und Linkspartei bezeichneten das Motto als »unverantwortlich in Zeiten von verstärktem Nationalismus und immer noch andauernder Diskriminierung queerer Menschen durch den deutschen Staat«.[26]

Gegen den moralischen Vorwurf, keine klare Grenze gegen »rechts« zu ziehen und einer weiteren Diskriminierung Vorschub zu leisten, war man argumentativ nicht mehr in der Lage vorzugehen. Die Veranstalter mussten am Ende einsehen, dass »Toleranz von anderen einfordern« und »selbst Toleranz üben« zwei sehr unterschiedliche Dinge sein können. Nachdem das Stigma »rechts« im Raum stand, war die Debatte, wie sich der CSD positiv zur freiheitlich-demokratischen Grundordnung stellen kann, moralisch und tatsächlich beendet. Das Motto der Veranstaltung wurde schließlich geändert.

Dieses Beispiel demonstriert auch, dass in den vergangenen Jahren eine Akzentverschiebung im Meinungskampf eingetreten ist. Es gibt eine Tendenz, den Diskussionsprozess gleich abzukürzen. Man unternimmt dann nicht einmal mehr den Versuch, zuvor inhaltlich zu debattieren, sondern schlägt sofort den moralischen Weg ein. Das geht schneller und hat sich – wie erwähnt – bislang als äußerst wirkungsvoll erwiesen.

Das Ergebnis für unsere Freiheit ist fatal: Wir verlernen dadurch, inhaltlich miteinander zu ringen, vorurteilsfrei und respektvoll. Auf einen gesellschaftlichen Fortschritt kommt es dann nicht mehr an; die moralische Unterdrückung des anderen und seiner Meinung reichen aus, um absolutes Recht für sich zu reklamieren. Der gesamte freiheitliche Fortschritt, den die Werte der Aufklärung nach Europa und vor allem nach Deutschland gebracht haben, wird dadurch massiv und nachhaltig infrage gestellt. Wenn die *Kritik der reinen Vernunft* zur »Herabsetzung durch reine Moral« gerät, sollte das jedem Freiheitsliebenden größte Sorge bereiten.

Dass schon die Furcht vor einer moralischen Missbilligung zu Verhaltensänderungen führt, zeigt ein anderes Beispiel. Das Traditionsunternehmen Bahlsen überraschte seine Kunden im Frühjahr 2020 mit einer Botschaft auf Instagram. Die Schokoladenkekssorte »Afrika«, die seit Jahrzehnten im Sortiment ist, werde umbenannt. Die Begründung:

> Wir haben dieses Produkt vor 60 Jahren ins Leben gerufen und damals wie heute lagen uns rassistische Gedanken mehr als fern. Um zu vermeiden, dass unser Produkt Assoziationen mit Rassismus hervorruft, arbeiten wir bereits an einer Umbenennung.[27]

Offenbar reichte allein die Verbindung von »Schokolade« und »Afrika«, um einen Rassismusvorwurf anzustoßen. Das ist wirklich irre. Viel schlimmer für unsere Debattenkultur sollte jedoch sein, dass dieser Assoziation durch gefühlskonformes Verhalten Recht gegeben wird. Damit verwandelt sich der zuvor unterstellte Rassismus zum wirklichen Rassismusproblem. Es verstärkt sich nämlich der Eindruck, dass Bahlsen zuvor mindestens unterbewusst mit herabsetzenden Gedanken unterwegs gewesen wäre. Allen gegenteiligen Beteuerungen zum Trotz.

Dabei sind die zweifelhaften Gedanken zuerst auf der Seite der Empörten. Hieße der Keks »Nordamerika«, »Antarktis« oder »Europa«, hätte er keine vergleichbaren Assoziationen ausgelöst. Warum eigentlich nicht? Weil Afrika offenbar anders ist. Es findet bereits bei den Kritikern eine gedankliche Stigmatisierung Afrikas statt. Afrika wird bei ihnen als nicht gleichberechtigt gedacht. Deshalb müssen die anderen vorsichtiger mit Menschen aus Afrika umgehen – als zum Beispiel mit weißen US-Amerikanern aus Alabama. Wir lernen, nicht alle Menschen sind gleich.

Hinzu kommt ein machtpolitischer Aspekt. Damit die Empörten weiterhin dauerhaft empört bleiben dürfen und einen ständigen Vorteil in entsprechenden Kulturdebatten behalten, soll Afrika auch stets anders bleiben. Die Frage bleibt: Wer zieht eigentlich die Schublade auf, in die er Menschen aufgrund ihrer Herkunft hineinsteckt?

Bahlsen hätte viel souveräner mit dieser verzerrenden Auslegung umgehen müssen. Denn helfen kann man den Kritikern nicht. Dem sicheren Gefühl, man dürfe in unserem freien Land alles frei und ohne Furcht vor Gesinnungsrepression sagen, haben aber alle Beteiligten Schaden zugefügt.

Einige Monate später kündigte der Lebensmittelhersteller Knorr an, seine altbekannte »Zigeunersauce« in »Paprikasauce Ungarische Art« umzubenennen. Die traditionsbewusste Volksseele »kochte« vor Wut – um im sprachlichen Bild zu bleiben. Sicherlich könnte man auch hier die Frage stellen, ob alltäglicher Rassismus künftig durch den neuen Soßennamen eingedämmt wird. Es gibt jedoch einen entscheidenden Unterschied zu Bahlsens Rückzugaktion: Das Wort »Zigeuner« kann tatsächlich diskriminierend verwendet werden – »Afrika« nicht.

Moral ist im Meinungskampf vielfältig einsetzbar. Es ist auch möglich, unter Rückgriff auf moralische Aspekte Diskussionen ängstlich aus dem Weg zu gehen – um sich anschließend selbst für die konsequente und mutige »Haltung« zu feiern. So entschied der Evangelische Kirchentag im Sommer 2019, die AfD nicht zur üblichen politischen Diskussionsrunde einzuladen. In den Jahren zuvor hatte man die rechten Populisten stets eingeladen. Insofern war die Ausgrenzung der größten Oppositionspartei ein hochpolitischer Akt. Es gab Beifall hauptsächlich von der linken politischen Seite. Kirchentagspräsident Hans Leyendecker begründete dies im Interview mit der ARD wie folgt:

> Dass man eine rote Linie ziehen muss für Repräsentanten. Und einen Diskurs mit Rassisten, mit Hetzern, den führen wir nicht. Wir laden jemanden ein, weil er viel zu sagen hat. Herr Gauland, Frau Weidel, Herr Höcke oder so, die haben mir nichts zu sagen.[28]

Dies zeigt, wie der Einsatz der Moral genutzt wird, um die Angst vor der Schwäche der eigenen Argumente positiv zu wenden. »Rassisten und Hetzer«, die Herrn Leyendecker »nichts zu sagen hätten« könne man offenbar nicht mit demokratischen Mitteln auseinandernehmen, sodass am Ende nur noch kalte Ausgrenzung hilft. Selbstverständlich darf der Kirchentag selbst entscheiden, wer dort auftreten soll und wer nicht. Dieses Vorgehen ist jedoch nicht nur unchristlich, sondern auch ziemlich undemokratisch. Denn noch entscheidet bei uns das Bundesverfassungsgericht darüber, ob eine Partei nicht mehr auf demokratischem Boden steht. Dann wird sie verboten.

Diese Defensivhaltung des Kirchentages könnte tatsächlich Zweifel an der Qualität der eigenen Argumente gegenüber denen der AfD wecken. Wer der Auffassung ist, auf dieser Ebene überlegen zu sein, muss sein Gegenüber nicht ausgrenzen. Das erledigen die Argumente der Pöbler und Populisten nämlich von alleine. Ein wenig mehr Vertrauen in die Funktionsfähigkeit der demokratischen Debatte wäre hier angezeigt gewesen.

Negativer Nebeneffekt der moralischen Ausgrenzung ist, dass den Ausgegrenzten dadurch viel mehr Aufmerksamkeit zuteilwird. Erst nach der Absage des Kirchentages war es der AfD möglich, hieraus einen Propagandaerfolg zu machen und sich als Opfer zu stilisieren. Moralische Vorhaltungen mögen kurzfristig Applaus einbringen. Mittelfristig erzeugen sie hingegen häufig die falschen Gewinner.

In seltenen Fällen kann der Einsatz von Moral, entgegen der bisher besprochenen Beispiele, aber auch ins Leere laufen. In einem *Tagesspiegel*-Interview warf die stellvertretende SPD-Vorsitzende Clara Geywitz im Januar 2020 »manchen Journalisten« vor, sie würden an ihrer Co-Vorsitzenden Saskia Esken andere Maßstäbe anlegen. Wörtlich sagte Geywitz: »Weil sie eine Frau ist, wird sie in den Medien negativer beurteilt als Norbert Walter-Borjans. Das ist unfair.«[29] Dieser Sexismus-Vorwurf traf die Hauptstadtpresse nicht sonderlich hart. Die Journalisten waren sich offenbar einig, dass Saskia Esken nicht kritisiert wurde, weil sie eine Frau ist. Sondern weil sie ganz sachlich Kritik verdient hatte.

Wer spaltet?

Vor einer Spaltung der Gesellschaft kann eigentlich jeder warnen. Auf der politischen Linken definiert man »die Rechten«, namentlich die AfD, als Spalter. Auf der rechten Seite werden hingegen die Linken, die »Altparteien« oder die »Systemmedien« mit diesem Vorwurf bedacht. Und in der politischen Mitte kann man im Grunde jedem anderen dieses Emblem anheften. »Spaltung« ist das alarmistische Wort der Zeit.

Folglich unternehmen häufig diejenigen, die sich auf der richtigen Seite der Wahrheit wähnen, den Versuch, der Spaltung durch Aufrufe zur Geschlossenheit entgegenzuwirken. In Zeiten wie diesen sei von allen unbedingte »Haltung« gefragt, kann man dann hören. Es sei wichtig, sich nicht spalten zu lassen. »Wir sind mehr« oder gleich »#unteilbar«. Wir bräuchten einen »Aufstand der Anständigen«. Und so weiter.

Gemein haben alle Forderungen dieser Art, dass sie das Gute gegen das Böse setzen. Anständig gegen Unanständig. Unteilbar gegen Spalter. Dahinter steht der Gedanke: Gut sind wir. Böse sind all diejenigen, die in bestimmten Fragen nicht in völligem Gleichklang mit uns stehen. Es ist eine Art von kollektiver Gleichmacherei, eine gedankliche Uniformität, die als ängstliche Reaktion auf »das andere« ausgelöst wird.

Ganz abgesehen davon ist die politische Kategorie »Anstand« oder »Haltung zeigen« die einfachste und deshalb wirkungsloseste Art, mit einem Problem fertigzuwerden. Genau genommen löst dieses Postulat kein einziges Problem. Es ist die Illusion einer Problemlösung, die höchstens dabei hilft, sich in einer Gruppe gemeinsam selbst zu vergewissern, dass die anderen ganz schlimme Typen sind und unredlichste Absichten hegen. Voran bringt das allerdings niemanden.

Die Forderungen nach Gemeinsamkeit werden vielmehr selbst zu einem Problem für die Meinungsfreiheit. Mit dem »Haltung zeigen« lügen wir uns selbst vor, dass sich irgendetwas in den Köpfen der Andersdenkenden ändert. Betrachten wir die Sache ein wenig näher, müssen wir aber feststellen: Tut es leider nicht. Vielmehr hat die Forderung nach »Haltung zeigen« Auswirkungen auf uns selbst. Denn es wird damit suggeriert, dass es nur einen einzigen Weg gibt, bestimmte Dinge zu denken: *Die* Haltung oder keine. So kommen Pluralität und Meinungsvielfalt schnell unter die Räder.

Wenn leicht abweichende Meinungen aus dem gemeinsamen Konsens ausgestoßen werden, ist das psychologisch vollkommen nachvollziehbar. In schweren Zeiten sind Differenzierungen nun mal nicht erwünscht, denn sie vermitteln den Eindruck von Instabilität. Allerdings setzt sich damit eine Wagenburgmentalität durch, aus Angst vor einer Destabilisierung der eigenen Meinungsfront. Andere auszugrenzen gibt nämlich Halt: Je fester der Grenzwall, je größer die Ausgrenzung, umso stärker der Halt. Wer glaubt, dass Hass eine exklusive Gefühlsregung der Rechten ist, irrt.

Im Oktober 2018 kamen nach Polizeiangaben 120 000 Menschen in Berlin zur »#unteilbar«-Demonstration zusammen. Angesichts mehrerer fremdenfeindlicher Vorfälle in den Monaten zuvor wollten die Demonstranten ein friedliches Zeichen für Humanität und Menschenrechte setzen. Den Aufruf zur Demo unterzeichneten unter anderem der Schauspieler Benno Führmann, der Satiriker Jan Böhmermann oder der Paritätische Wohlfahrtsverband. Das musikalische Rahmenprogramm gestalteten bedeutende Künstler wie Konstantin Wecker oder Herbert Grönemeyer. Es war eine große Sache.

Man versammelte sich unter dem Motto: »Für eine offene und freie Gesellschaft – Solidarität statt Ausgrenzung!« Dass es die Organisatoren mit ihrem Kampf gegen Ausgrenzung nicht so genau nahmen, zeigte sich jedoch schon vor der Kundgebung. Die Veranstalter machten deutlich, dass Deutschlandflaggen unerwünscht seien. Denn, so die Unteilbar-Bündnissprecherin Theresa Hartmann im Interview mit dem *Tagesspiegel*, Schwarz-Rot-Gold sei »gerade unglaublich von rechts konnotiert«.[30] Trotzdem wollten einige Aktionsteilnehmer »Flagge zeigen gegen Rechtsextremismus« und dafür einstehen, die Deutschlandfarben nicht den Braunen zu überlassen. Denjenigen, die sich auf diesem Wege für ein buntes und tolerantes Deutschlandbild einsetzen wollten, zeigte man schnell, wie dünn die Linie zur Ausgrenzung sein kann. Sie wurden im Namen der freien Gesellschaft, der Solidarität und der Menschenrechte konsequenterweise von Vertretern der Antifa bepöbelt (»rassistisches Arschloch«) und bedroht. Palästinensische und türkische Flaggen waren übrigens kein Problem und wehten fröhlich-kämpferisch über der Demo.[31] Im Sinne der Integration.

Der Kampf gegen Ausgrenzung ist offenbar eine Definitionsfrage. Was bedeutet: Wer spaltet, wird immer noch von denen definiert, die angeblich unteilbar sind. Die Unteilbaren dürfen ausgrenzen. Der Aufstand der Anständigen kann manchmal ziemlich unanständig werden.

Das Einfordern von »Haltung« war noch vor einigen Jahren ausschließlich im militärischen Zusammenhang gang und gäbe. Die moderne Forderung nach politischer Haltung ist leider oftmals ähnlich uniform. Sie hat außerdem etwas Undemokratisches und Antipluralistisches. Wer politisch »Haltung« einfordert, muss sich über Folgendes im Klaren sein: Erstens kann niemand genau definieren, was gesamtgesellschaftlich die »richtige« Haltung für alle wäre, und zweitens hat Haltung bisher noch kein Problem gelöst. So ist ihr Einfordern am Ende außerordentlich folgenlos, weil sich niemand dazu aufgerufen fühlt, der Haltung eine entsprechende Handlung folgen zu lassen.

Was tun die Haltungsforderer und Spaltungswarner eigentlich, wenn die Spaltung überwunden ist? Wenn alle gleich denken, gleich fühlen, gleich meinen, gleich Haltung zeigen? Dann brauchen wir keine Spaltungswarner mehr. Dann haben wir unsere Freiheit aber schon verloren.

Einfalt, Vielfalt und Vielfalt

Patsy l'Amour laLove nennt sich selbst eine »Polittunte«. Vor einigen Jahren machte sie in einem bemerkenswerten Gastbeitrag für den *Tagesspiegel* darauf aufmerksam, dass in der queeren Szene Berlins etwas ganz außerordentlich falsch laufe. Es mache sich dort ein Aktivismus breit, der sich zu einer autoritären Politik der Verbote und Bußen entwickelt habe. Die Meinungsfreiheit gerate mächtig unter Druck. Gerade diejenigen, die Vielfalt als ein Identitätskriterium verteidigten und zelebrierten, gingen in eine gesinnungsethische Einfalt über, die Ausgrenzung über alles stelle. Sie kritisiert zudem eine falsche Form der Betroffenheitspolitik, »die nicht mehr nach dem Inhalt fragt, sondern die Verletzung selbst fast schon adelt«.

Selbstverständlich, so l'Amour laLove, sollten Menschen, die Erfahrungen mit Feindseligkeit hätten, sich weiter öffentlich äußern.

> Wenn man aber vom Inhalt des Gesagten absieht und nur noch darauf achtet, welche Hautfarbe oder sexuelle Orientierung die Sprecherin hat – dann ist man mit so einem Ansatz keinen Deut besser als die Rechten.[32]

Dies ist eine interessante Beschreibung einer Entwicklung, bei der Toleranz und Einförmigkeit so nah beieinanderliegen. Und es erstreckt sich beileibe nicht nur auf die zahlenmäßig eher begrenzte Berliner Queer-Szene. Auch in anderen gesellschaftlichen Gruppen können wir ähnliche Bewegungen feststellen. Und es lässt sich erahnen: Künftig wird darin eine große Herausforderung für all jene bestehen, welche die Meinungsfreiheit in unserem Land schätzen und verteidigen.

Ein Beispiel hierzu: Als sich der Chef der Hessischen Filmförderung mit dem Vorsitzenden der größten Oppositionspartei zum privaten Mittagessen traf, ahnte er nicht, was er damit später auslösen würde. Es entzieht sich unserer Kenntnis, was Hans Joachim Mendig mit Jörg Meuthen und dem PR-Berater Moritz Hunzinger an jenem Tag im Restaurant besprochen hat. Es geht uns auch nichts an. Allein ein freundliches Foto von dem Zusammentreffen sorgte aber letztlich dafür, dass Mendig seinen Job verlor. Da war es egal, dass Mendig nicht nur drei Mal den Deutschen Fernsehpreis, sondern auch den Bayerischen Fernsehpreis, den Telestar sowie die Dragomanov-Medaille für europäische Kommunikation der Nationalen Pädagogischen Dragomanov-Universität in Kiew erhalten hatte. Für rund 600 Filmschaffende, darunter Iris Berben, Jasmin Tabatabai oder Nicolette Krebitz, die gemeinsam eine Erklärung unterzeichneten, war die Forderung klar: Mendig müsse gehen. Er habe sich lächelnd mit Meuthen gezeigt und damit offenbar mit dessen Gedankenwelt gemein gemacht. In der Erklärung wird Meuthens Satz zitiert: »Wir wollen weg vom links-rot-grün-versifften 68er-Deutschland und hin zu einem friedlichen, wehrhaften Nationalstaat«, und damit suggeriert, dass Mendig sich in die gleiche Richtung entwickele wie Meuthen, der selbst ein »strammer Gegner liberaler Kulturproduktion« sei.[33]

Die grüne Kulturministerin des Landes sah sich gezwungen, die Reißleine zu ziehen. Kulturschaffende, die sich weigern, staatliche Subventionen anzunehmen, haben in Deutschland nämlich ein großes Erpressungspotenzial. Wo kommen wir denn hin, wenn Künstler Steuermittel nicht mehr freiwillig annehmen wollen? Mendig wurde der Stuhl vor die Tür gesetzt. Das Treffen mit Meuthen hatte ihn offensichtlich politisch wie gesellschaftlich kontaminiert.

Dieses Phänomen nennt man gemeinhin »Kontaktschuld« – nicht die Sache wird angegriffen, sondern die Person. Letztere steckt sich durch die Nähe zu einem problematischen Gegenstand an. Auf dieser wackeligen Grundlage kann man ohne weiteres die Karriere von Menschen zerstören und deren Lebenswerk desavouieren.

Jan Fleischhauer behandelte diesen Fall anschließend in seiner *Focus*-Kolumne und machte dabei darauf aufmerksam, dass es im künstlerischen Bereich eng festgesetzte Vorstellungen davon gebe, was »fremd« und was »bereichernd« sei. Er stellte fest, dass die Künstler, denen man in der Theater- und Filmwelt begegne, einander auf verblüffende Weise glichen.

> Sie sehen vielleicht unterschiedlich aus, sie mögen aus exotischen Gegenden kommen oder fremd klingende Namen tragen: Aber was die Überzeugungen und Wertvorstellungen angeht, könnten sie nicht homogener sein.[34]

Wie es schon Patsy l'Amour laLove für die Queer-Szene festgestellt hatte, stößt auch bei vielen Kulturschaffenden die Vielfalt im

Oberflächlichen auf eine erschreckende Einfalt in Weltanschauungsfragen. Wer hinter der offenen Kulisse eine allgemeine Offenheit für die freie Meinungsäußerung vermutet, liegt bedauerlicherweise sehr falsch. Fleischhauer schreibt:

> In Wahrheit ist der im Kulturbetrieb vorherrschende Fremdheitsbegriff sehr oberflächlich, ja man könnte sagen: kolonialistisch. Er macht sich allein am Aussehen fest, also an Hautfarbe, Geschlecht oder ethnischer Herkunft. Der wahre Fremde hingegen wäre jemand, der radikal anders denkt. In dem Sinne ist ein Meuthen tausendmal fremder als jeder senegalesische Regisseur, der auf Festivals herumgereicht wird.[35]

Hat man aber jemanden als seinesgleichen akzeptiert, ändert sich der Toleranzbegriff komplett. Wenn dann einer der eigenen Leute mit heftiger Kritik bedacht wird, kämpft man für die Meinungsfreiheit mit Händen und Füßen. In diesem Moment ist es auch fast gleichgültig, welche Äußerungen verteidigt werden.

Im Herbst 2015 kürte der Norddeutsche Rundfunk überraschend Xavier Naidoo zum deutschen Kandidaten für den Eurovision Song Contest (ESC). Dies rief innerhalb der NDR-Belegschaft heftige Reaktionen hervor. 40 Mitarbeiter, teils in leitenden Funktionen, protestierten.[36] Naidoo vertrete öffentlich Positionen der Reichsbürger, singe über Gewaltfantasien und hege eine offenkundige Schwulenfeindlichkeit. Der NDR reagierte schnell und revidierte kurz darauf seine Entscheidung. Naidoo durfte Deutschland nun doch nicht auf der europäischen Bühne vertreten.

Der Protest war nicht völlig aus der Luft gegriffen. Naidoo hatte bereits im Jahre 2011 in der ARD die Reichsbürger-These verbreitet, Deutschland sei nicht souverän: »Aber nein, wir sind nicht frei, wir sind immer noch ein besetztes Land! Deutschland hat noch keinen Friedensvertrag und ist dementsprechend auch kein echtes Land und nicht frei.«[37] Ein Jahr später veröffentlichte er mit Kool Savas ein Lied, in dem folgende Textzeilen zu hören waren:

Ich schneid euch jetzt mal die Arme und die Beine ab, und dann ficke ich euch in den Arsch, so wie ihr es mit den Kleinen macht. Ich bin nur traurig und nicht wütend. Trotzdem würde ich euch töten. Ihr tötet Kinder und Föten und ich zerquetsch euch die Klöten. Ihr habt einfach keine Größe und eure kleinen Schwänze nicht im Griff. Warum liebst du keine Möse, weil jeder Mensch doch aus einer ist? Wo sind unsere Helfer, unsere starken Männer, wo sind unsere Führer, wo sind sie jetzt?[38]

Selbstverständlich fällt auch das unter die Kunst- und Meinungsfreiheit. Ob diese problematische Historie Naidoos jedoch eine gute Grundlage dafür ist, Deutschland auf einem Wettbewerb zu vertreten, der wie kein zweiter für Toleranz, Mitmenschlichkeit und Lebensfreude steht, darf man in Frage stellen.

Dies sahen mehr als 100 Künstler, Kulturschaffende und weitere Persönlichkeiten des öffentlichen Lebens offenbar anders. Wenig später erschien in der *Frankfurter Allgemeinen* eine ganzseitige Anzeige »Menschen für Xavier Naidoo«, die nach Angaben der *Welt* rund 68 000 Euro gekostet haben muss.[39] Die Anzeige hatte keinen weiteren Text. Es lag aber auf der Hand, dass der vorige Umgang mit Naidoo der Grund für diese teure Annonce gewesen war.

Die Unterzeichnerliste war prominent besetzt: die Schauspieler Til Schweiger, Jan-Josef Liefers, Mario Adorf, der Comedian Atze Schröder, die ehemalige Bundestagsvizepräsidentin Antje Vollmer oder der Modelcoach Jorge Gonzáles. In einem Facebook-Post bezeichnete Herbert Grönemeyer später den öffentlichen Umgang mit Naidoo als absurd und unverständlich:

Xavier ist einer der besten und etabliertesten Musiker und Sänger bei uns, weder homophob noch rechts und reichsbürgerlich, sondern neugierig, christlicher Freigeist und zum Glück umtriebig und leidenschaftlich.[40]

Schauen wir uns an, welches künstlerische Maß wenige Jahre später bei Hans Joachim Mendig angelegt wurde, überrascht dieser Einsatz für Naidoo dann doch. Denn Mendig hat sich lediglich mit jemandem getroffen, der in einer zweifelhaften Partei ist. Naidoo hingegen hatte sich selbst zweifelhaft verhalten. Für manch einen Kunstschaffenden waren diese Ausfälle aber kein Problem, sondern der lebhafte Ausdruck von Meinungsfreiheit. Die Freiheit, die man für sich selbst und seinesgleichen reklamiert, muss schließlich nicht grundsätzlich für alle gelten. Grönemeyer weiter:

> Wir brauchen keine Gesinnungspolizei oder Meinungsüberwachung, sondern hoffentlich 80 Millionen verschiedene Köpfe und Wahrheiten. Solange niemand davon verhetzt, verunglimpft, verletzt oder ausgegrenzt wird, ist das Kultur.[41]

Wir lernen, »Vielfalt« und »Vielfalt« können manchmal sehr unterschiedliche Begriffe sein.

Rechte Angriffe von links

Dass in unseren verrückten Zeiten die Grenzen zwischen den politischen Lagern manchmal verwischen, hindert manch einen nicht daran zu glauben, dennoch eine klare Entscheidung zwischen Gut und Böse treffen zu können. Der YouTube-Reporter Tilo Jung, der vor allem bei jungen Menschen eine enorme Reichweite und insgesamt über 370 000 Follower hat, überraschte Anfang des Jahres 2020 auf Twitter mit einer steilen These: Links ist gut, Rechts ist böse. Auf die Frage, auf welcher politischen Seite Stalin, Mao und Che Guevara zu verorten seien, antwortete Jung: »Autoritäre Herrscher, Diktatoren … rechter geht's gar nicht.« Und auf die Nachfrage, ob die DDR auch rechts gewesen sei, folgte knapp: »DDR war bis 89 autoritäres Regime. ergo rechts.«[42]

Es ist beneidenswert, wenn man mit einem schlichten Weltbild in die Umgebung schaut, seine Gedanken entsprechend sortiert und dies für die absolute Wahrheit hält. Die Komplexität der Wirklichkeit wird dadurch niemals zu einem intellektuellen Problem. Es ist jedoch bedenklich, solche Worte von einem Journalisten zu hören, der für viele junge Menschen ein Fixpunkt für politische Einordnung darstellt. Denn was fangen diese mit der Information an, Erich Honecker sei dann wohl irgendwie auch Nazi gewesen? Unbeantwortet blieb indes die Frage, ob die Linkspartei ebenfalls eine rechte Organisation ist. Sie steht schließlich in der Nachfolge der SED. Tilo Jung war dieser ungebremste Ausbruch alsbald offenbar unangenehm. Er löschte seinen Tweet in der bemerkenswerten Hoffnung, dass das Internet vergessen möge und niemand davon erführe, wie niedrig er gedanklich wirklich unterwegs ist.

Wie wir bereits gesehen haben, ist der Vorwurf, »rechts« zu sein, mittlerweile wenig aussagekräftig. Denn eigentlich kann heute jeder in irgendeinem Zusammenhang »rechts« stehen – Frauenverächter und Frauenversteher genauso wie DDR-Freunde und echte Nazis. Es kommt auf das Thema an. So bewegen sich Gegner des Tempolimits auf Autobahnen für manche schon hart an der Grenze zur Verfassungsfeindlichkeit. Die Charakterisierung »rechts« ist deshalb einerseits extrem unscharf, andererseits immer schmutzig, weil sie den so Bezeichneten – egal, um wen es sich dreht – stets verächtlich macht.

Wer zum Beispiel Alice Schwarzer in den 1970er Jahren als stramme Feministin kennengelernt hat, wäre niemals auf die abseitige Idee gekommen, sie in irgendeinem Zusammenhang als »rechts« zu bezeichnen. Heute ist das jedoch überhaupt kein Problem. Nicht, weil sich Frau Schwarzer sonderlich stark in diese Richtung bewegt hätte, sondern weil die Begrifflichkeit fast bis zur Unkenntlichkeit gedehnt wurde.

Bei einer Diskussionsveranstaltung an der Hochschule für angewandte Kunst in Wien kam es im November 2019 zum Eklat. Alice Schwarzer wurde im Sinne einer offenen Debatte eingeladen und sollte ihre Sichtweise zum »politisierten Islam« kundtun. Dieser sei aus ihrer Sicht eine rechte Ideologie, frauenverachtend und -feindlich. Das war ihre Überzeugung seit vielen Jahren. Linke Kritik an einer rechten Ideologie schützt jedoch nicht davor, genau deswegen von Linken selbst als rechts diffamiert zu werden. Die studentische Vertretung protestierte im Vorfeld gegen die Veranstaltung, weil Schwarzer »unter dem Deckmantel des Feminismus antimuslimischen Rassismus« verbreite. In einem Gespräch mit dem *Standard* verlegten zwei Vertreterinnen der Studierendenschaft den Konflikt aufs Grundsätzliche: Schwarzer habe sich des Öfteren »sexarbeitsfeindlich, transphob und antimuslimisch« geäußert, so der Vorwurf. Über solche Diskriminierungen dürfe man nicht hinwegsehen. »Diese Kämpfe sind nicht voneinander losgekoppelt.«[43]

Nun hatte auch ich dazugelernt. Bis zu diesem Zeitpunkt hing ich immer dem Gedanken nach, Prostitution werde vor allem auf der linken Seite des politischen Spektrums als abscheulich, frauenverachtend und eben diskriminierend angesehen. Dass man nun jemand, der sexarbeitsfeindlich ist, plötzlich in einen stinkenden Topf mit Nazis wirft, war eine Wendung, die mich nachhaltig beeindruckte.

Die Veranstaltung lief erwartungsgemäß ab: Schwarzer erklärte nach Angaben der *Welt*, »Islamfeindlichkeit ist mir ziemlich fremd«, was höhnisches Gelächter aus den letzten Reihen des Plenums nach sich zog. Nach minutenlangen Rufen »Das ist antimuslimischer Rassismus« gaben die studentischen Störer auf und verließen den Saal mit den enttäuschten Worten an alle Sitzenbleiber: »So ein unsolidarischer Haufen hier!«[44]

Die Auseinandersetzung mit den Schattenseiten des fundamentalistischen Islams hatte auf einer ähnlichen Veranstaltung an der Goethe-Universität in Frankfurt am Main einige Wochen später handfestere Konsequenzen. Diese Runde gipfelte in Gewalt. Unter dem Titel »Die Verschleierung. Modeaccessoire, ein religiöses Symbol oder ein politisches Instrument?« wurde auch Naïla Chikhi eingeladen. Chikhi musste Mitte der 1990er Jahre als 15-Jährige alleine aus Algerien fliehen, weil ihre Eltern gegen den dortigen Islamismus gekämpft hatten. 1999 kam sie nach Deutschland und engagiert sich seither für religiös unterdrückte Frauen und gegen das islamistische Rollenverständnis. Und somit auch gegen das

Kopftuch. Dieses ist für sie die »Uniform des Islamismus, ein Instrument der Knechtung der Frau, ein Mittel zur Durchsetzung zweier Formen von Apartheid«.

Für die »Studis gegen rechte Hetze«, SDS, MLPD, Free Palestine und andere, die nun in Frankfurt auf den Plan traten, war Chikhi aber offensichtlich nichts anderes als eine rechte Hetzerin. Sie störten die Versammlung, ließen durch laute Zwischenrufe keine Diskussion zustande kommen, bis schließlich ein Tisch umgestoßen wurde und Fäuste flogen. Mit Toleranz und Meinungsfreiheit hatten die Protestler nicht allzu viel am Hut.

Diese Fälle zeigen: Wer ein richtiges Thema (in diesem Falle Frauenrechte) von der angeblich falschen Seite aufgreift, der wird von Linken als Rassist und als rechts gebrandmarkt. Abgesehen davon, dass derartige Aktionen das Vertrauen in die Freiheit der Meinung massiv stören, sind sie vor allem eines: dumm. Denn genau mit einem solchen Verhalten demonstrieren die Störer, dass es besser wäre, ihnen nicht zuzuhören. Ihre vielleicht berechtigten Anliegen stoßen nicht mehr auf offene Ohren, wenn sie herausgebrüllt werden. Und noch viel schlimmer: Sie spielen das Spiel derjenigen, die sie selbst eigentlich bekämpfen wollen. Chikhi machte am Rande des Frankfurter Eklats zwei protestierende Männer darauf aufmerksam, »dass sie mit einem solchen Verhalten nur die Vorurteile der AfD und der Rechtsextremen über muslimisch geprägte Migranten bestätigen. Dass sie zwar gegen rechte Hetze protestieren, aber diese selbst betreiben – und so den Rechten in die Hände spielen.«[45]

Wer jede abweichende Meinung als »rechts« diskreditiert, wer sachliche Kritik als »rassistisch« bezeichnet, relativiert die wirklichen Rechten und Rassisten. Deshalb sollten wir mit diesen Worten sorgsamer und vor allem genauer umgehen. Denn sonst wird Sprache wert- und damit machtlos.

Das Ende der Mitmenschlichkeit?

Mitmenschlichkeit ist nicht nur eine Frage des Anstands, sondern ist uns sogar verfassungsrechtlich aufgegeben. Die Verankerung der Menschenwürde in Artikel 1 des Grundgesetzes rückt Humanität in den Mittelpunkt allen staatlichen Handelns. Nach einem grausamen Krieg, der massenhaften Verfolgung Andersdenkender und angeblich Andersseiender und der industriellen Auslöschung von Millionen Menschen hatten die Deutschen nach 1945 ihr eigenes »Nie wieder« nicht deutlicher und eindrücklicher rechtlich fixieren können. Die Setzung in Artikel 1 und die Verbindung mit der Ewigkeitsklausel waren Ausdruck des unbedingten Willens, sich einerseits weitestmöglich von den schrecklichsten Menschheitstaten abzugrenzen. Gleichzeitig wollte man andererseits die humanitäre Konsequenz aus diesen Taten als immerwährende Verpflichtung des neuen demokratischen Staates festhalten.

»Die Würde des Menschen ist unantastbar« ist für mich deshalb die schönste und berührendste Behauptung, die sich in den Gesetzestexten finden lässt. Der Grund für die Setzung dieser Formel war schließlich, dass die Würde des Menschen vorher millionenfach verletzt – also angetastet – wurde. Insofern hatte sich diese Behauptung bis 1945 als sehr falsch erwiesen. Mit der Verkündung des Grundgesetzes am 23. Mai 1949 sollte sie fortan in der Bundesrepublik für immer wahr sein.

Der Anspruch war universell und gemeingültig. Für Redliche und Unbescholtene ebenso wie für Unredliche und Bescholtene. Für Krankenschwestern und Pastoren genauso wie für Massenmörder. Für Bürgerliche, Ökologiefreunde und politische Extremisten. Die Grenze der Humanität durfte ab sofort niemals überschritten werden.

Johann Wolfgang von Goethe sagte einst: »Wenn wir die Menschen nur nehmen, wie sie sind, so machen wir sie schlechter.« Für unsere Verfassung gilt diese negative Sichtweise nicht. Artikel 1 unseres Grundgesetzes stellt gewissermaßen alles Menschliche auf ein Podest. Der Mensch als das schützenswerteste Gut des freiheitlichen Staates dürfte demnach keinen Nützlichkeitserwägungen unterliegen. Das erklärt auch, warum das Bundesverfassungsgericht im Jahre 2006 eine gesetzliche Grundlage aufhob, der zufolge es erlaubt war, eine terroristisch gekaperte Passagiermaschine abzuschießen, um deutlich mehr Menschenleben zu retten. Eine Abwägung zwischen wenigen Menschen im entführten Flugzeug und vielen Menschen im Fußballstadion verstoße vor allem gegen Artikel 1, so die Karlsruher Richter damals. Sie erklärten hier grundsätzlich zur Menschenwürde:

> Jeder Mensch besitzt als Person diese Würde, ohne Rücksicht auf seine Eigenschaften, seinen körperlichen oder geistigen Zustand, seine Leistungen und seinen sozialen Status. Sie kann keinem Menschen genommen werden.[46]

In diesem Lichte sehe ich die aktuellen Entwicklungen in unserem Meinungsdiskurs mit einer gewissen Sorge. Denn es zeichnet sich in der öffentlichen Auseinandersetzung eine Tendenz zur Anti-Humanität ab. So scheint es, dass menschliche Maßstäbe immer seltener bei der Bewertung von Menschen herangezogen werden.

Ein erschreckender Ausreißer ist in dieser Hinsicht eine Einlassung des deutsch-russischen Pianisten und Twitter-Influencers Igor Levit aus dem Jahr 2015. Levit, einer der größten Interpreten unserer Zeit, reagierte auf den Fernsehauftritt eines Vertreters der AfD. Dieser hatte dort von einer Vergewaltigung eines Mädchens durch Asylbewerber gesprochen und kam dabei auf die Frage nach Beweisen ins Schwimmen. Heftiger Widerspruch war zweifellos angebracht. Levit twitterte daraufhin jedoch wie folgt: »Ein widerwärtiger Drecksack. Mitglied der widerwärtigen Partei AfD. Menschen, die ihr Menschsein verwirkt haben.«[47]

Was Levit damit sagte, war kaum anders interpretierbar: Für Mitglieder der AfD gelte Artikel 1 unseres Grundgesetzes nicht. Es seien keine Menschen wie Sie und ich, sondern solche von geringerem Wert. Die logische Konsequenz aus dieser Äußerung ist, dass Vertreter dieser Partei nicht mehr human behandelt werden müssen, denn sie haben ihr Menschsein schließlich verwirkt.

Nun kann man sicher in der Hitze des Gefechtes über die Stränge schlagen und sich – wenn der Puls wieder in Richtung Normaltaktung geht – reflektiert Gedanken darüber machen, ob die eine oder andere Äußerung nicht vielleicht doch zu hart war. Das ist völlig normal. Dann wäre es anständig, sich für eine solche Entgleisung zu entschuldigen oder diese wenigstens zurückzunehmen.

Nicht so Levit. In einem späteren Interview mit dem *Tagesspiegel* auf diese Passage angesprochen, erklärte er:

> Ich wusste, was ich sage, habe dazu auch das Video mit dem TV-Ausschnitt hochgeladen. Ich würde es wieder schreiben. Gut, ich bin vielleicht der Pianist, der das Maul zu weit aufreißt, und man kann mich dafür schlagen. Was der AfD-Mann gesagt hat, ist dagegen echt gefährlich. Man sieht es ja, Flüchtlingsunterkünfte brennen in Deutschland.[48]

Richtig, was der AfD-Mann gesagt hatte, war gefährlich. Und dagegen müssen wir lautstark das Wort erheben. Zur Selbstkritik, ob das eigene Gesagte möglicherweise auch gefährlich gewesen sei, war Levit jedoch nicht imstande. Er sah sich weiterhin im Recht. Und leider sahen viele andere dies auch so.

Levit wurde Anfang des Jahres 2020 vom Internationalen Auschwitz Komitee für sein Engagement gegen Antisemitismus und rechtsextremen Hass ausgezeichnet. In der Begründung hieß es, Levit verteidige mit Mut, Kreativität und Lebensfreude die Werte der Demokratie.[49]

Von Igor Levit möchte ich unsere Verfassung und die Werte der Demokratie nicht verteidigt wissen. Denn wer sich gegen Artikel 1 des Grundgesetzes stellt, stellt sich gegen die humanitäre Konsequenz aus den schrecklichsten Zeiten deutscher Geschichte.

Scheiterhaufen, Sippenhaft und der Wunsch, wieder umzudenken

Wo es an Mitmenschlichkeit mangelt, gerät die Meinungsfreiheit schnell unter Druck. Und wo die Meinungsfreiheit unter Druck gerät, opfert man im Zweifel Menschen, damit die eigene Wahrheit nicht infrage gestellt werden kann.

Im Umgang mit anderen Auffassungen ist mittlerweile eine Entwicklung festzustellen, die einer Rückkehr zum Scheiterhaufen ähnelt. Wir haben es vielerorts mit einer Mentalität zu tun, der es an Respekt und Mitmenschlichkeit mangelt, die keine Fehlertoleranz gestattet und am Ende in Forderungen nach beruflicher oder persönlicher Vernichtung Einzelner enden kann. Es reicht im Extremfall hierzu ein einziges Wort, um die Aufmerksamkeit des wütenden Mobs zu erregen und in einen übelriechenden Strudel von Vorhaltungen, Vorwürfen und Beleidigungen zu geraten. Wer dann nicht schnell über eine Exit-Strategie verfügt, ist geliefert.

Bei der Sachsen-Wahl im Herbst 2019 bekam dies die MDR-Journalistin Wiebke Binder zu spüren. Ein Wort reichte, um mit Forderungen nach einem Berufsverbot belegt zu werden und ihren Sender unter rechtsextremen Generalverdacht zu stellen. In einem Interview am Wahlsonntag mit dem CDU-Politiker Marco Wanderwitz sagte sie im Hinblick auf die Mehrheitsverhältnisse herausfordernd: »Eine stabile Zweierkoalition, eine bürgerliche, wäre ja theoretisch mit der AfD möglich.«[50]

Bis zu diesem Zeitpunkt bin ich immer davon ausgegangen, journalistische Fragen sollten den Interviewpartner nicht ausschließlich in seiner Position angenehm bestätigen, sondern manchmal auch ein wenig provozieren, um aus ihm interessante Antworten herauszulocken. Das machen *Spiegel*, *Zeit*, Deutschlandfunk und andere Medien jedenfalls ständig und definieren dies als gutes journalistisches Handwerk. Hier aber war es anders: »Bürgerlich« ist nämlich die empörende Selbstbezeichnung der

AfD. Dieses Wort durfte man also im Zusammenhang mit den Rechtspopulisten weder sagen noch fragen. Schon gar nicht beim angeblich zweifelhaften MDR. Die Welle rollte an.

Der Medienkritiker Stefan Niggemeier machte den Anfang. Er twitterte »Wahnsinn!« und: »Die ARD nennt eine CDU/AfD-Koalition eine ›bürgerliche Koalition‹?«[51] Daraufhin verteidigte der WDR-Redakteur Arnd Henze die Ehre seiner westdeutschen Kollegen: »Nein: nicht ›DIE ARD‹. Viele Mitarbeitende werden über diese Aussage der MDR-Moderatorin genauso irritiert sein wie Sie!« Und er fuhr im kollegialen Ton fort: »Aber beim MDR verwischen nicht zum ersten Mal die Grenzen nach ganz rechts!«[52]

Damit war das Drehbuch geschrieben. Die Anständigen im Kampf gegen die AfD-Verharmloser beim MDR. Der Ostbeauftragte der Bundesregierung und der SPD-Generalsekretär schalteten sich ein und erklärten, dass dies mindestens »total unpassend«[53] gewesen sei und »auf gar keinen Fall«[54] ginge. Der MDR wurde nun auch von anderen Journalisten der ARD aufgefordert, sich nicht nur von der Aussage Binders zu distanzieren, sondern von Binder selbst. Man müsse im Gespräch mit ihr »andere« Konsequenzen ziehen, so ein NDR-Kollege auf Twitter genauso viel- wie eindeutig.

Dem MDR blieb nichts anderes übrig, als zurückzurudern, um gemeinsam mit seiner Moderatorin dem Scheiterhaufen zu entgehen. Der Sender entschuldigte sich für den »Versprecher«, der in der Hitze des Gefechtes an einem hektischen Wahlsonntag in einer Livesendung aber nun einmal passiert sei. Wiebke Binder durfte zwar bleiben, stand aber für viele von nun an unter skeptischer Beobachtung.

Vom Scheiterhaufen kommen wir zur Sippenhaft. Im Umgang mit dem Chef der Hessischen Filmförderung haben wir bereits gesehen, dass die falsche Gesellschaft beim gemütlichen Restaurantbesuch gesellschaftlich ruinös wirken kann. Der moralische Mob macht auch vor Kindern nicht Halt, wenn es gilt, als falsch definierte Meinungen der Eltern hart zu sanktionieren. Das Kindeswohl muss gegebenenfalls zurücktreten, um falschen politischen Anschauungen keinen Raum zu geben.

Im Herbst 2018 lehnte in Berlin eine Waldorfschule ein Kind ab, weil dessen Vater als AfD-Politiker im Abgeordnetenhaus saß. Das Kind hatte mit seinem Geschwister den dazugehörigen Waldorf-Kindergarten besucht – was normalerweise dazu führt, dass es anschließend auch auf die Schule gehen darf. Nach heftigen Diskussionen unter Eltern- und Lehrerschaft hieß es dann, man sehe keine Möglichkeit, »das Kind mit der nötigen Unvoreingenommenheit und Unbefangenheit aufzunehmen«.[55]

Dass man weniger die Eltern, sondern vielmehr das Kind bestrafe, war für die Kämpfer gegen rechts zweitrangig. Es wurde aus dem bekannten Umfeld, dem eigenen Freundeskreis herausgerissen, um ein Exempel gegen »Nazis« zu statuieren. Dies zeigt, man kann Moral auch dann wie eine Monstranz vor sich hertragen, während man selbst tief durch die Unmoral watet.

Ich habe mir die Frage gestellt, wie diejenigen Eltern, die gegen eine Aufnahme des Kindes protestierten, ihren eigenen Söhnen und Töchtern erklären, was Meinungsfreiheit in unserem freien Land bedeutet. Und warum bei uns Sechsjährige für die politische Auffassung ihrer Eltern bestraft werden.

Mir scheint, wir müssen wieder lernen, unseren Mitmenschen weniger Vorurteile entgegenzubringen und ihnen zuerst mit Respekt zu begegnen. Es sollte uns ein großes Warnsignal sein, wenn ein einziges falsches Wort ausreicht, dass Menschen per Kurznachricht ein Berufsverbot für andere einfordern und bequem vom heimischen Sofa aus deren berufliche Existenz beenden wollen. Oder dass Kinder Nachteile bekommen, wenn sich der Vater politisch in der falschen Partei engagiert. Ohne das Vertrauen in die Mitmenschlichkeit der anderen schieben wir Angst und Verdächtigungen in den Meinungsstreit. Wenn wir nicht mehr die Gewissheit haben, auch einmal danebenliegen zu dürfen, ohne gleich öffentlich hingerichtet zu werden, wenn wir nicht mehr auf Fairness im Umgang zählen können, dann ist die emotionale Konsequenz, dass wir überall Missgunst und Gefahr wittern. Damit gießen wir Zement dorthin, wo wir uns eigentlich frei bewegen wollen.

Überempfindlichkeit schadet der Meinungsfreiheit

Während es an vielen Stellen unserer Gesellschaft an Mitmenschlichkeit fehlt, können wir gleichzeitig erkennen, dass manche dem eigenen Befinden einen erhöhten Platz einräumen. Das geschieht interessanterweise meistens nicht, weil man die eigene Dünnhäutigkeit besonders hervorheben möchte, um im Diskussionsprozess nicht überrollt zu werden. Sondern weil man selbst die eigene Überverletzlichkeit als Instrument im Meinungskampf benutzt. Es ist also beileibe keine defensive Haltung. Vielmehr wirkt sie äußerst aggressiv, denn sie wird gnadenlos zur Unterdrückung der anderen Meinung eingesetzt.

Diese Mentalität pflegt man manchmal in sogenannten »Safe Spaces«. Dort wird dem Anspruch von Minderheiten ein Raum gegeben, der vor Verletzungen, Diskriminierungen und unangenehmen Äußerungen schützen soll. Dahinter steht eigentlich ein humanitärer Gedanke. Diese Räume hatten und haben vor allem in US-amerikanischen und britischen Hochschulen eine große Bedeutung und sollten zum Beispiel Frauen, die Gewalterfahrungen erlebten, Möglichkeiten bieten, ihre Erlebnisse diskriminierungsfrei zu äußern. Mittlerweile wird das ursprüngliche Ziel eines solchen Raumes aber häufig zulasten von Meinungsfreiheit missbraucht.

Auch in deutsche Universitäten schwappt dieses Konzept herüber. So werden gerade an denjenigen Institutionen, an denen man frei und unvoreingenommen diskutieren und streiten soll, Zonen geschaffen, die Freiheit und Offenheit verbieten.

Dies beeinträchtigt zwangsläufig auch den Lehrbetrieb. Als Dozent kann man demnach nie sicher sein, ob ein Thema, ein Bild oder die Tonlage eines Satzes als verletzend empfunden wird. In deutschen Medien konnte man von einem Fall an der Harvard Law School lesen, wonach eine Juraprofessorin gebeten wurde, das Thema »sexuelle Gewalt« nicht zu thematisieren, da dies verletzend sei. Amerikanische Buchverlage gehen zum Teil dazu über, bei philosophischen Klassikern eine Warnung aufs Buch zu drucken, dass der Inhalt verstörend sein könnte.[56]

Interessant wird es, wenn zwei marginalisierte Gruppen in Safe Spaces zusammentreffen. Dies führt unweigerlich dazu, dass eine Position mit größtem Gesichtsverlust unterliegt. Wenn nämlich von beiden Seiten versucht wird, das eigene Opferdasein als verletzlicher darzustellen, muss es zwangsläufig damit enden, dass dem einen von der Mehrheit mehr Opferfähigkeiten zugeschrieben werden. Auf Gleichberechtigung können sich die unterdrückten Minderheiten nicht einigen. Es geht darum, als am wenigsten privilegiert zu gelten.

An der Berliner Humboldt-Universität kam es zu einem Vorfall, der schließlich im Rauswurf einer Transperson endete. In einem Seminar der Gender Studies beklagte eine Person of Color (PoC) Rassismus. Daraufhin antwortete die Transperson, dass die PoC zu dieser Einschätzung nicht berechtigt sei, weil dies der Schutzraum für weiße Transpersonen sei.

In der Mitteilung der Fachschaftsinitiative Gender Studies konnte man die Argumentation der Transperson eindeutig und verständlich nachvollziehen:

> Denn schließlich sei der weiße Raum, in dem interveniert wurde, ein Schutzraum für Trans*-Personen. Somit müsse, als Legitimation, ein_e Trans*Inter*GnC (Gender non Conforming) PoC oder Schwarze_r in die Intervention involviert sein. Wenn ein_e solche_r nicht gefragt werden könne, müsse letztlich eine weiße Trans*Inter*GnC Person die Erlaubnis erteilen, in einem weißen ›Trans*Schutzraum‹ zu intervenieren.[57]

Diese Argumentation überzeugte die nach eigener Auskunft »weiß und mehrheitlich cis*-positionierte« Fachschaft aber offenbar nicht:

> Als weiße Person die Beteiligung einer Schwarzen oder PoC Trans*Inter*GnC-Person an einer antirassistischen Intervention gegen eine weiße Lehrperson zu fordern, verstehen wir als Tokenizing (Instrumentalisierung).[58]

Alles klar?

Klar ist jedenfalls: Wer in den Meinungskampf einsteigt, sollte eine gewisse Robustheit mitbringen. Denn Widerspruch ist im Meinungsstreit nicht nur unvermeidbar, sondern macht diesen erst möglich. Es ist der Sinn einer Auseinandersetzung, sich mit anderen Ideen – eben – auseinanderzusetzen.

Es ist richtig, Widerspruch kann bisweilen als verletzend empfunden werden. Wer aber jede mögliche Verletzung ausschließen will, wer Menschen nur noch in die eigene Watte packen und in »Safe Spaces« stecken möchte, will Meinungsfreiheit unterdrücken. Das hat mit den Werten einer Demokratie nicht mehr viel gemein.

Die Sehnsucht nach dem Autoritären und nach Heilsgestalten

Neben die beschriebenen Tendenzen zur Unterdrückung von Meinungsfreiheit gesellt sich mittlerweile bedauerlicherweise die verbreitete Neigung, die eigene Handlungsfreiheit durch Verbote beschränken zu lassen. Die Bereitschaft ist offenbar bei vielen Menschen groß, die Grenzen des eigenen Handelns freiwillig aus der Hand zu geben. Während der freiheitliche Mensch gerne Verantwortung für sich und seine Mitmenschen übernimmt, gibt es

Menschen, welche die Verantwortungsabschiebung als neue Heilslehre zelebrieren. Man könnte diese Entwicklung vielleicht als Re-Infantilisierung bezeichnen.

Zwei Beispiele hierzu aus den Tagesthemen zum Thema Klimaschutz, das vor allem 2019 viel beachtet wurde. Die RBB-Kommentatorin Kristin Joachim machte im Sommer des Jahres eine interessante Feststellung. Sie erklärte, sie wolle nicht mehr vor der Wahl stehen, ob sie von Berlin den ökologisch sinnvollen, aber teuren Zug nach Köln nehmen möchte oder den ökologisch eher anrüchigen, aber günstigen Flug. Die Bundesregierung müsse ihr durch eine Luftverkehrsabgabe oder Kerosinsteuer diese Entscheidung abnehmen. Sie wolle einfach nicht mehr darüber nachdenken müssen. Ihr Schluss war so apodiktisch wie erschreckend: »Der Mensch funktioniert eben nicht über Freiwilligkeit. Er will gezwungen werden«, sagte sie wörtlich.[59]

Es ist ein bemerkenswertes Menschenbild, das hier zutage tritt. Denn mit einer solchen Sichtweise kann man auch antidemokratische und autoritäre Handlungs-»Anleitungen« rechtfertigen. Wenn sich der Mensch nicht freiwillig richtig verhält, muss der Staat ihn eben zwingen. Das Individuum ist demnach zu schwach für die Verantwortung zur richtigen Entscheidung. Das ist ein Verantwortungs- und Freiheitsverständnis, das man sich in weniger demokratischen Staaten sicher wünscht.

Mehrere Fragen drängen sich hier auf: Wer definiert eigentlich, was das »richtige« Verhalten ist? Die Bundesregierung? Die Redaktion der Tagesthemen? Und könnte man diese Argumentation nicht nur auf die Handlungs-, sondern auch auf die Meinungsfreiheit anwenden? Wenn die Bequemlichkeit, nicht mehr zwischen Alternativen entscheiden zu müssen, das ausschlaggebende Argument für Freiheitsbeschränkungen wird, könnte man das dann nicht auch bei unliebsamen Meinungen fortführen?

Das andere Beispiel: Der Tagesthemen-Kommentar von Lorenz Beckhardt (WDR) keine zwei Wochen später war noch ein bisschen drastischer. Er selbst beschrieb sich als jemand, der gerne in

Korallenriffen tauche und dafür natürlich um die halbe Welt reisen muss. Der gerne ein saftiges Stück Fleisch esse und auch sonst lieber mit dem Auto fahre als mit dem Zug. Aber er schäme sich nicht für seine vielen Privilegien, sondern sei eigentlich krank. Wie so viele andere sei er ein »Konsumjunkie«, und jeder wisse, »Süchtige brauchen Hilfe«. Diese Hilfe sollte die Politik liefern. »Macht Fleisch, Auto fahren und fliegen so verdammt teuer, dass wir davon runter kommen. Bitte! Schnell! Dann wählen wir auch Euch alle!«[60]

Wer angesichts dieses unangenehmen Flagellantentums nicht selbst peinlich berührt ist, muss ein dickes Fell haben. Schauen wir abseits der entwürdigenden Selbstkasteiung eines erwachsenen und privilegierten Menschen sachlich auf die Argumente, zeigt sich in diesen Worten auch noch ein Paradoxon. Denn sowohl Kristin Joachim als auch Lorenz Beckhardt zelebrieren die Unfreiheit – und verkaufen uns dies als neue Freiheit. Es werden Einschränkungen durch politischen Zwang umdefiniert als notwendige Maßnahmen, welche die individuelle Freiheit von gesamtgesellschaftlicher Verantwortung gewährleisten sollen. Demnach gilt nicht: Freiheit *zur* Verantwortung, sondern: Freiheit *von* Verantwortung. Der Entscheidungsraum muss für alle verkleinert werden, weil man selbst keine Verantwortung übernehmen möchte. Rücksichts- und rückgratloser geht es kaum.

Der Wunsch nach dem Autoritären paart sich in unserer Zeit mit dem Wunsch nach Heilsgestalten. Greta Thunberg zum Beispiel konnte sich in der Hochphase der Klimadiskussion vor entsprechenden Elogen kaum retten. Die grüne Fraktionsvorsitzende im Deutschen Bundestag, Katrin Göring-Eckardt, legte in einer Kanzelrede in Duisburg im März 2019 das ganz große Maßband an und verglich die junge Schwedin mit Propheten aus der Bibel.[61]

Propheten sind im Gegensatz zur landläufigen Meinung keine Weissager. Das wäre eine Schublade zu tief. Ein Prophet ist durch den Auftrag einer Gottheit legitimiert. Wer so argumentiert, macht die politische Auseinandersetzung über die Klimapolitik zur Glaubensfrage. Was Greta sagt und tut, geschieht im Namen des grünen Gottes. Kritik und abweichende Meinungen gelten dann logischerweise als Gotteslästerung. Amen.

Wir müssen wieder erwachsener und mündiger in der Auseinandersetzung über die Fragen der Zeit werden. Freiheit ist immer mit Verantwortung verbunden. Das heißt in der Konsequenz, dass wir selbst die anstehenden Fragen diskutieren und deren Beantwortung nicht an andere oder an den Staat delegieren sollten. Es bedeutet auch, dass wir uns stets ein eigenes Meinungsbild machen müssen und es nicht von einer Lichtgestalt vorgeben lassen. Niemand hat mehr Recht, weil er ein bestimmtes Amt ausübt oder weil viele der gleichen Meinung sind. Wir müssen aufhören, aus Bequemlichkeit den notwendigen Streit und die Auseinandersetzung über den besseren Lösungsweg auszuschalten, sondern vielmehr selbst in den Ring steigen, andere überzeugen, uns überzeugen lassen, miteinander ringen. Anders funktioniert Freiheit nicht.

Wege aus der Verkrampfung

Nach so vielen Beispielen, wie unser Meinungskorridor zu verengen droht, wie unsere Freiheit zu sprechen und zu denken eingezäunt wird, ist es höchste Zeit, vernünftige Gegenstrategien aufzuzeigen.

Wie wir gesehen haben, verwechseln viele in den aktuellen Meinungsdebatten Ernsthaftigkeit mit Verbissenheit. Dabei gilt eigentlich: Wer ernsthaft eine Debatte führen will, kann dies nur mit einem guten Schuss Kompromissfähigkeit tun. In den seltensten Fällen hat man selbst nämlich zu 100 Prozent objektiv recht. Dann wäre es sinnvoller, zielführender und harmoniestiftender, nicht gleich mit dem starren Anspruch in die Debatte zu steigen, man sei unfehlbar. Täten das alle Beteiligten, gingen wir am Ende mit

Knüppeln aufeinander los, weil sich der Konflikt dann nur noch lösen würde, wenn die andere Meinung nicht mehr vorhanden ist. Um also den Frieden im Land zu wahren, sollten wir zumindest im Entferntesten einkalkulieren, dass die andere Seite Argumente hat, die nicht sofort und grundsätzlich von der Hand zu weisen sind. Auch wir könnten dazulernen.

Ich habe beispielsweise als Bundestagsvizepräsident gelernt, dass sich Verbissenheit und Verkrampfung in einer Debatte häufig durch Humor lösen lassen. Im Bundestag flogen am 28. Juni 2019 bei den Themen Kohleausstieg und Klimaschutz die Fetzen. Ich habe nichts gegen leidenschaftliche Debatten. Im Gegenteil, sie sind das Lebenselixier einer funktionierenden parlamentarischen Demokratie. An diesem Tag wurde es allerdings zu lebendig.

Schon sehr früh kam es zu wilden Zurufen, die einen geordneten Ablauf der Diskussion immer weiter erschwerten. Rufe wie »Das ist schizophren!« oder »Sie lügen!« waren nicht dazu angetan, der Würde des Hauses einen angemessenen Ausdruck zu verleihen. Anton Hofreiters Aggregatszustand veränderte sich zusehends, bis ich mich nach einem Beitrag des Unions-Abgeordneten Andreas Lämmel zur Intervention gezwungen sah. Da manchmal die harte Hand des Präsidenten eher eine Verhärtung der Fronten zur Folge hat, entschied ich mich für die weichere Variante:

> Liebe Kolleginnen und Kollegen, auch wenn ich weiß, dass das ein emotional sehr bewegendes Thema ist, möchte ich darauf hinweisen, dass sich Ihre persönliche CO_2-Exposition bei Aufregung deutlich erhöht.

Das Plenum reagierte mit Heiterkeit und Beifall. Das war der Reset-Knopf, denn damit hatte sich die Szenerie beruhigt. Nun konnte den Rednern wieder zugehört werden.[62]

Humor ist aber auch ein probates Mittel in der Auseinandersetzung. Durch eine freundliche Spitzfindigkeit oder Neckerei gelingt es bisweilen, verbissene Mitstreiter zu entwaffnen. Die moralische Anklage kann schließlich nur funktionieren, wenn der

Ankläger auf seinem hohen Ross sitzen bleiben kann. Lässt man sich auf dieses Spiel nicht ein, holt man ihn wieder auf den gemeinsamen Boden herunter.

In einer Landtagsdebatte in Schleswig-Holstein warf mir mein Lieblingsgenosse Ralf Stegner in einer Zwischenfrage vor, dass ich als Anwalt mehr verdienen würde als in meinen Funktionen als Abgeordneter und Fraktionsvorsitzender. Das sei nicht gerecht, denn als Anwalt arbeite ich ja in die eigene Tasche und nicht fürs Gemeinwohl. Ich antwortete: »Ja, es stimmt, als Anwalt verdiene ich mehr. Aber, Herr Dr. Stegner, was uns unterscheidet, ist: Meine Mandanten bezahlen mich freiwillig. Sie leben nur von Zwangsabgaben.«

Während sich Stegner irritiert wieder auf seinen Platz setzte, hielten sich seine Genossen kaum auf den Stühlen. Wer über sich selbst lachen kann, ist auf jeden Fall klar im Vorteil.

Witz und Schlagfertigkeit sind ebenfalls dazu geeignet, um überhaupt erst wahrgenommen zu werden. Das ist besonders im Bereich der Politik lebensnotwendig. Wer kein Gehör findet, kann keine Wirkung entfalten und bekommt auch keine Stimmen. Die Kunst ist es also, in wenigen Worten eine politische Botschaft zu verpacken. Diese Worte sollten entweder witzig, provokant oder bösartig sein, auf jeden Fall originell, sodass niemand um die eigene Formulierung herumkommt. Man kann mit Humor seiner Meinung also mehr Platz verschaffen. Die manchmal ertönende weinerliche Begründung bei Parteifreunden, »die Medien« würden einem zu wenig Aufmerksamkeit schenken und deshalb komme man nicht vor, hat mich nie überzeugt. Es liegt immer an einem selbst, ob man gehört wird oder nicht.

Ein etwas zurückliegendes Beispiel: Im Jahre 2003 wollte die schleswig-holsteinische Landesregierung eine ehemalige Moorlandschaft als wirkliche »Moorlandschaft« unter Schutz stellen, um EU-Auflagen zu erfüllen und Fördermittel zu erhalten. So wurde an mehreren Stellen im Land ein trockener Grund einfach als Feuchtgebiet deklariert. Darin bestand deshalb ein Problem, weil die Eigentümer dieser Gebiete bei baulichen Veränderungen ein kompliziertes und langwieriges Antragsverfahren inklusive Umweltverträglichkeitsprüfung mit ungewissem Ausgang durchlaufen mussten. In einem »Moorgebiet«, das seit den 1950er Jahren Ackerland war, »vermuteten« die Fachleute des Umweltministeriums damals zum Beispiel den Schlammpeitzger (*Misgurnus*), eine seltene, mit dem Darm atmende Fischart. Um Solidarität mit dem benachteiligten Landwirt zu demonstrieren und die Vorgehensweise der Landesregierung zu kritisieren, antwortete ich daraufhin auf eine Presseanfrage – zugegebenermaßen etwas unsachlich: »Die Darm-Atmer sitzen wohl eher in der Kieler Umweltbürokratie.«[63] Dieser eine Satz reichte, um das gesamte Projekt der Lächerlichkeit preiszugeben.

Mehr Unsicherheit wagen!

Es braucht manchmal viel Mut, um in eine Debatte einzusteigen und seine Meinung kundzutun. Wie wir sehen konnten, vermag ein Debattenbeitrag oder gar ein einziges Wort moralische und gesellschaftliche Ausgrenzung herbeizuführen. Ich kann nur jede und jeden ermutigen, diesen Mut trotzdem weiterhin aufzubringen und keine Angst vor der Kontroverse zu haben. Denn eines ist klar: Je mehr Menschen diesen Mut aufbringen, umso weniger können diskursfeindliche oder -blockierende Herangehensweisen in der Debatte wirken. Umso mehr bekommen die Argumente und weniger moralische Implikationen, Vorhaltungen und Ausgrenzungsbemühungen Gewicht.

Der Einsatz von Moral offenbart eigentlich eine Schwäche derjenigen, die sie anwenden. Das Festkrallen an moralischen Kategorien hat fraglos etwas Selbststabilisierendes. Es vereinfacht den Blick auf die Komplexität der Welt. Der Moralist bezieht jedoch die Dringlichkeiten, die Zwänge und Notwendigkeiten der anderen Seite nicht in seine festumrandete Welt ein. Im Gegenteil, dort stören sie nur. Insofern agieren die Moralprediger rücksichtslos.

Wer sich in festen Denkschablonen aufhält, braucht sich nicht lange selbst zu orientieren, sondern wird gewissermaßen orientiert. Deshalb hat Moral in der Debatte gleichzeitig etwas Undurchlässiges, etwas Unselbständiges und etwas Diskursfeindliches. Wer von ihr Gebrauch macht, kann auf das eigene freie Denken verzichten, weil es vorrangig darum geht, ob das Gegenüber in die eigene Schablone passt und auf der »richtigen« oder »falschen« Seite steht. Der Vielfalt einer lebhaften Debatte wird dies nicht mehr gerecht.

Doch um Debattenvielfalt geht es dem Moralisten auch gar nicht. Wer »Haltung« von anderen einfordert, fordert nämlich eine geistige Gleichförmigkeit, die zutiefst antipluralistisch ist. Deshalb sollten wir Moral so weit wie möglich aus Diskussionen heraushalten. Sie drängt Zwischenmeinungen, die weder das eine noch das andere, sondern etwas Drittes wollen, aus dem Debattenraum heraus und erklärt sie damit insgeheim für wertlos. Wo nur nach »Haltung« und »Nicht-Haltung« gefragt wird, ordnet man die differenziertere, dritte Meinung logischerweise in die Kategorie »Nicht-Haltung« ein. Denn auch sie kritisiert die »Haltung«.

Wir sollten uns von anderen, die uns bewusst missverstehen wollen, nicht verunsichern lassen. Ich vertraue immer noch auf die Kraft der Argumente. Wer aber Argumente nicht hören will, weil er nicht bereit ist, sein Vorurteil im Zweifel zu revidieren, dem kann das beste Argument nicht helfen. Dem kann aber auch sonst niemand helfen.

Um einer Verhärtung unserer Debattenkultur entgegenzuwirken, müssen wir dringend wieder mehr Unsicherheit wagen. Auch der erfahrenste Redner kann niemals voraussehen, wohin eine Debatte läuft. Diese Unberechenbarkeit macht Diskussionsprozesse ja gerade spannend und fruchtbar. Deshalb sollten wir offen in eine Debatte gehen und niemals versuchen, die Meinung des Gegenübers als minderwertig oder unzulässig abzuqualifizieren. Die Stärke einer offenen Auseinandersetzung hängt untrennbar damit zusammen, ob wir dem Gegenüber den notwendigen Respekt entgegenbringen und inwieweit wir bereit sind, uns selbst zu hinterfragen und zu revidieren. Abschließende Gewissheiten gibt es nicht.

Öffnen wir das Visier, ermöglichen wir die Debatte. Tragen wir einen moralischen Schutzschild, kann sie sich nicht entfalten. Ersetzen wir Argumentation grundsätzlich durch Moralisierung, stirbt sie.

Die Verletzlichkeit der Meinungsfreiheit

Das Problem der Faktenleugnung und der mangelnden Differenzierung

Die Meinungsfreiheit ist verletzlich, denn sie ist von einer bestimmten Ressource abhängig: Vertrauen. Meinungsfreiheit kann nur funktionieren, wenn auf allen Seiten Vertrauen in die Akzeptanz und Überprüfbarkeit von Fakten vorhanden ist. Sobald kein Konsens mehr herrscht, was als »wahr« und was als »falsch« gilt, zerbricht der demokratische Gedanke – also die Idee, dass ein faires und respektvolles Ringen um die bessere Lösung stattfinden kann. Mit jemandem, der beispielsweise glaubt, dass die Erde eine Scheibe ist, kann man schlecht über Auswirkungen des Klimawandels und den Anstieg des Meeresspiegels diskutieren. In der Welt des Faktenleugners schwappt das überschüssige Meerwasser einfach über die Kanten der Erde, wenn die Polkappen schmelzen. Problem gelöst, weil nicht vorhanden.

Insofern ist das Konzept der »Alternativen Fakten«, das vor allem durch die Trump-Administration bekannt gemacht wurde, für die Meinungsfreiheit in einem demokratischen Staat eine Katastrophe. Im Gegensatz zu Meinungen können Fakten nicht alternativ sein. Doch nicht nur Präsident Trump und seine Berater sind offenbar große Befürworter dieses »Wahrheitsmodells«, auch bei

Gruppen mit gänzlich anderer politischer Ausrichtung spielt es eine bedeutende Rolle. Während es bei der Amtseinführung des US-amerikanischen Präsidenten nach »alternativer« Ansicht mehr Zuschauer gab als bei seinem Vorgänger Barack Obama (was objektiv falsch war), werden andernorts ebenfalls Zahlen bei Demonstrationen nach oben korrigiert, um größer und bedeutender zu erscheinen.

Zwei Beispiele: Bei der bereits erwähnten »#unteilbar«-Demonstration in Berlin im Oktober 2018 kamen nach Angaben der Polizei 120 000 Menschen zusammen. Die Veranstalter sprachen allerdings großzügig von 240 000. Es ist klar, dass sich die objektive Durchschlagskraft einer Demonstration dramatisch erhöht, wenn man die Zahl der Teilnehmer Pi mal Daumen auf das Doppelte hochschätzt. Diese »alternative« und politisch aufgeladene Zahl wurde anschließend unhinterfragt von mehreren Medien aufgegriffen und weiterverbreitet – so von *Welt*, *Berliner Zeitung*, *Süddeutscher* und anderen mehr, zum Teil ohne die Lücke zu den Zahlen der Polizei zu erwähnen.[1] Mit objektiv anmutenden Zahlen wird Wahrheit kreiert und Politik gemacht.

Bei einer Klimademonstration im Dezember 2019 in Madrid war die Spreizung der Zahlen noch krasser. Gemeinsam mit Greta Thunberg seien eine halbe Million Menschen auf die Straßen gegangen, so erklärte es die junge Schwedin selbst auf Twitter anschließend.[2] Auch das deutsche Gesicht von »Fridays for Future«, Luisa Neubauer,[3] die Grünen-Politikerin Bärbel Höhn[4] sowie Greenpeace[5] verbreiteten diese Zahlen. Die spanische Polizei berichtete hingegen von 15 000. In deutschen Zeitungen konnte man anschließend etwa lesen: »Für diese Diskrepanz gab es zunächst keine Erklärung.« Es war dankenswerterweise ein Redakteur der *taz*, Malte Kreutzfeldt, der eigenständig eine Erklärung suchte, die Zahlen konkret hinterfragte und am Ende feststellen musste:

> Selbst wenn sie geglaubt werden und einmalig schöne Schlagzeilen bescheren, schaden sie einer Bewegung langfristig [...]. Und wenn, wie in diesem Fall, selbst sympathisierenden Beobachtern klar ist, dass die An-

gaben völlig unrealistisch sind, gefährdet das die Glaubwürdigkeit der Beteiligten. Gerade eine Bewegung, die sich sonst stets auf Wissenschaftlichkeit beruft, sollte auch bei ihren eigenen Zahlen genau sein.[6]

Was das Gefährdungspotenzial für die demokratische und auf einem Vertrauen in Fakten basierende Streitkultur angeht, haben Donald Trump und manche Aktivisten, wie beispielsweise von »Fridays for Future«, also mehr Gemeinsamkeiten, als sie selbst zugeben würden. Die »Methode Trump« ist nicht nur Trumps Methode.[7]

Neben den Alternativen Fakten reihen sich die Fake News in die Linie demokratiegefährdender Elemente ein. Selbstverständlich ist das Konzept von Falschnachrichten in der Geschichte der Menschheit nicht neu. Überall dort, wo Propaganda eine Rolle spielt, gerät das Vertrauen in Fakten unter Druck, und in Folge werden Nachrichten verkürzt, verzerrt und erfunden. »Der schwarze Kanal« Karl-Eduard von Schnitzlers funktionierte ziemlich genau nach diesem Prinzip.

Bei den Fake News, wie wir sie heute kennen, geht es häufig nicht darum, eine bestimmte Ideologie propagandistisch zu begleiten. Vielmehr besteht das Ziel darin, die andere Seite zu diskreditieren, zu untergraben und zu zersetzen. Gerade in unsicheren Zeiten, in denen sich Angst durch breite gesellschaftliche Schichten zieht, haben diese Falschnachrichten Hochkonjunktur. Herrscht emotionale Dünnhäutigkeit vor, neigen die allermeisten zu einer fatalen Leichtgläubigkeit gegenüber Gerüchten. Denn mit großen, existenziellen Sorgen im Nacken ist man eher geneigt, dem anderen viel schlimmere Untaten zuzutrauen, als an heiteren und sorgenfreien Tagen.

Die Flüchtlingskrise brachte beispielsweise in den sozialen Medien erschütternde Falschbehauptungen und schrecklichste Gerüchte zutage, denen zahlreiche Menschen Glauben schenkten. Aber auch die Corona-Krise verschaffte Lügen und Verschwörungstheorien enormen Aufwind. Und hier treffen wir auf ein gravierendes Problem für die Meinungsfreiheit im Lande. Rechtlich angreifbar sind viele der Behauptungen nicht. Wenn zum Beispiel raunend erklärt wird, man habe gehört, Bill Gates stecke hinter einer großen und geheimen Weltverschwörung, dann kann sich der Gerüchteverbreiter in der Regel auf die verfassungsrechtlich verankerte Meinungsfreiheit berufen. Gleichwohl sollte sich der Empfänger einer solchen Botschaft vielleicht fragen, warum nicht der BND, sondern ausgerechnet der verhuschte Typ gegenüber von diesem Geheimnis Kenntnis erlangt hat.

Der gesunde Menschenverstand ist deshalb das beste Gegenmittel für solche Manipulationsversuche. Wer kritisch hinterfragt, sich ein eigenes Bild macht, die Informationslage einer abgewogenen Plausibilitätsprüfung unterzieht und Argumente wie Gegenargumente prüft, fällt seltener auf hysterischen Wahnsinn herein.

Wirklich in Bedrängnis kommt die Meinungsfreiheit jedoch, wenn sich der gesunde Menschenverstand in großer Breite verabschiedet und – schlimmer noch – argumentative Differenzierungen als Schwächung eines angeblichen Moralkonsenses diffamiert werden. Ich habe es am Beispiel der Flüchtlingskrise 2015 bereits beschrieben – und in der Corona-Krise erlebten wir es schnell wieder: Wenn Schwarz und Weiß die einzigen Schattierungen in der Debatte sind, bekommen wir ein fundamentales Problem für die Demokratie.

Konkret: Die FDP hatte zu Beginn der politischen Auseinandersetzung über die Corona-Maßnahmen seit März 2020 einen klaren rechtsstaatlichen Kurs eingeschlagen. Die schnell vorgenommenen Grundrechtsbeschränkungen müssten so schnell wie nur möglich und infektionsrechtlich vertretbar aufgehoben werden. Das ist, das war und das bleibt im Übrigen verfassungsrechtliches Gebot. Viele politische Kommentatoren sahen das jedoch offenbar anders. In einem Kommentar in der Bremerhavener *Nordsee-Zeitung* erklärte der Journalist Werner Kolhoff am 14. Mai 2020 zum Beispiel:

> Christian Lindner profiliert sich derzeit als besonders kritischer Begleiter der Corona-Maßnahmen und zugleich als oberster Lockerungspolitiker. Er steuert sein Parteischiff damit geradewegs auf jenes Ufer zu, an dem die AfD schon liegt.[8]

Was Herr Kolhoff damit suggerierte, war: Wer sich für unsere verfassungsrechtlichen Grundlagen einsetzt, wer die Regierungspolitik in schweren Zeiten kritisiert, wer aus dem homophonen Chor der angeblich »wahren« politischen Elite herausspringt, ist gleichzusetzen mit Rechtsradikalen und folglich gesellschaftlich auszugrenzen. Menschen, die auf solch einem Hochmoralniveau argumentieren, agitieren eigentlich und agieren faktisch antidemokratisch.

Ich will das Problem der Verschwörungstheorien damit nicht kleinreden. Wie wir seit einiger Zeit feststellen müssen, gibt es ein politisches Interesse anderer Staaten, die gesellschaftliche Polarisierung bei uns im Lande zu verschärfen. Der britische Journalist und Propaganda-Forscher Peter Pomerantsev nennt hier namentlich vor allem Russland und China. Beide Staaten versuchen, mit Verschwörungstheorien, gezielter Desinformation und »Trolling« Einfluss auf die Meinungsbildung in den westlichen Staaten zu erhalten.

In einem Interview mit der *Welt* im Mai 2020 sagte Pomerantsev etwas sehr Erschreckendes:

> Heute missbrauchen Diktatoren Meinungsfreiheit mit Trollarmeen. [...] In anderen Ländern führt der Pluralismus, der Meinungsfreiheit garantieren soll, zu einer Polarisierung. Sie ist so extrem, dass unterschiedliche Gruppen nicht mehr miteinander sprechen können und die Demokratie dadurch untergraben wird.[9]

Wir sehen uns also mit einem massiven Problem für unsere Meinungsfreiheit konfrontiert. Der große Vorteil des demokratischen Diskurses, die Pluralität, die auch Minderheitenschutz gewährleisten soll, wird mit dieser Strategie plötzlich zu unserer Achillesferse. Denn unter dem Rubrum der pluralen Meinungsäußerung betreibt man nun aktive Faktenleugnung zulasten unserer demokratischen Streitkultur und deklariert diese als »alternative« Meinung. Wenn man alles meinen, dabei problemlos Fakten beiseitelegen und somit demokratische Meinungsbildungsprozesse zersetzen kann, löst sich unsere Konsensbasis auf. Und dann wird aus dem geregelten Streit mit einem friedensstiftenden Kompromiss ein ungeregelter Kampf mit einem unversöhnlichen Ende.

Dieser Herausforderung müssen wir uns stellen. Aber das kann nicht gelingen, wenn Journalisten glauben, Meinungskorridore bilden zu müssen, die den Rahmen des Zulässigen bestimmen, sondern nur, wenn wir im Umgang mit Meinungen und Tatsachenbehauptungen mündiger werden. Nur mit einer kritischen Distanz und der Bereitschaft, Positionen zu hinterfragen, scheitert der Zersetzungsversuch. Dass zentrale Elemente unserer Meinungsfreiheit – wie etwa die Pluralität – für antidemokratische Zwecke missbraucht werden, heißt nicht, dass man diese zum Schutze unserer Demokratie einschränken darf. Es heißt vielmehr, dass dem Einzelnen angesichts dieser Bedrohung mehr Verantwortung zukommt, die Grundlagen unserer Freiheit zu verteidigen.

Klima der Angst

Im März 2020, kurz nach dem Ausbruch der Corona-Pandemie, formulierte das Bundesinnenministerium eine mögliche Krisenkommunikationsstrategie der Bundesregierung für die kommenden Wochen und Monate. Ein zentraler Punkt dieser Verschlusssache war, Ängste der Bevölkerung durch drastische Darstellungen hervorzurufen. Es sollte darum gehen, die Furcht vor der Krankheit bewusst zu kultivieren und damit zum gesellschaftlichen Lenkungsinstrument in der Pandemie zu machen. Das Ministerium achtete ganz offensichtlich nicht so sehr darauf, dass es hierbei besonders demokratisch oder vielfältig vor sich ging. Vielmehr fußte diese Strategie auf der Annahme, dass »Politik und Bürger […] als Einheit agieren« müssten. Abweichende politische Bewertungen durch unterschiedliche Parteien oder Gruppierungen waren dabei wohl als einheitsstörend zu betrachten.

In dem Dokument schrieben die Ministerialen von einer »gewünschten Schockwirkung« für die deutsche Bevölkerung, die unter anderem durch psychischen Druck auf Kinder erzielt werden sollte. Mit folgender Botschaft:

> Kinder werden sich leicht anstecken [...]. Wenn sie dann ihre Eltern anstecken, und einer davon qualvoll zu Hause stirbt und sie das Gefühl haben, Schuld daran zu sein, weil sie z. B. vergessen haben, sich nach dem Spielen die Hände zu waschen, ist es das Schrecklichste, was ein Kind je erleben kann.[10]

Dass eine Bundesregierung zu solch grausamen Mitteln greift, um die Schwächsten in unserer Gesellschaft in Angst und Schrecken zu versetzen, hätte ich mir vorher nicht ausmalen können. Es offenbart sich ein erschütternder Zynismus, wenn Schuld auf die Schultern von jungen Menschen geladen wird. Psychologisch ist ein solches Schreckensszenario verheerend. Kindern mit dem qualvollen (!) Tod ihrer Mutter oder ihres Vaters zu drohen (den sie mutmaßlich verursacht haben), um sie verhaltensgefügig zu machen, ist himmelweit vom humanistischen Bild unseres Grundgesetzes entfernt.

Angst spielte in den Anfangstagen der Corona-Pandemie in Deutschland eine zentrale Rolle. Angesichts der schrecklichen Bilder, die wir unter anderem aus Italien übermittelt bekamen, konnte zunächst niemand vernünftigerweise daran zweifeln, dass eine große Katastrophe auf uns zurollte. Daher war es auch klar, dass die allerersten politischen Entscheidungen in einem großen Konsens getroffen wurden.

Je mehr wir täglich über das Virus und seine Ausbreitung in Deutschland erfuhren, umso mehr differenzierte sich das Bild. Ich habe in meinem politischen Leben noch nie so viele E-Mails, Anrufe, Benachrichtigungen und Briefe von Bürgerinnen und Bürgern erhalten, wie zu dieser Zeit. Und selten erlebte ich in den Zuschriften eine so schnell verlaufende emotionale Spaltung. Während sich viele selbst vor einer behutsamen Rückkehr zur verfassungsrechtlich geforderten Normalität gruselten, gab es rasch viele andere, die sich eher vor den wirtschaftlichen und sozialpsychologischen Konsequenzen des Lockdowns fürchteten. Einiges war wirr, das meiste jedoch sehr ernst zu nehmen. Beide Seiten verband die Angst vor der Ungewissheit. Ob diese Ängste begründet oder unbegründet waren, spielte für die politische Bewertung zunächst keine entscheidende Rolle.

Gerade in solchen Situationen ist politische Kommunikation mehr denn je gefordert. In der gesellschaftlichen Furcht spiegelt sich die Meinungsfreiheit in stark emotionalisierter Form wider. Die vielstimmige Angst muss daher aufgenommen und einer politischen Lösung zugeführt werden. Ähnlich wie bei verschiedenen Meinungen gilt hier auch: Angst kann man nicht mit Moral bekämpfen. Wer glaubt, der erhobene Zeigefinger hülfe gegen die Beklemmung, der sorgt vielmehr für eine Verkapselung der Gefühle. Dann schwelt die Furcht solange unter der Decke, bis sie sich mit einer lauten Eruption Luft verschafft.

In dieser Frage hatte die Bundesregierung vor allem in den ersten Corona-Wochen versagt. Es war die Bundeskanzlerin selbst, die im öffentlichen wie im nicht-öffentlichen Raum das zweifelhafte Konzept der Alternativlosigkeit verteidigte. Öffentlich erklärte sie zum Beispiel Ende März, sie wolle »sehr klar sagen, dass im Augenblick nicht der Zeitpunkt ist, über die Lockerung dieser Maßnahmen zu sprechen«.[11] Nicht-öffentlich nannte sie das irritierende Wort der »Öffnungsdiskussionsorgien«, das in diesen Tagen aus einer Schalte des CDU-Präsidiums herausdrang. Die Kritik an der bloßen Äußerung abweichender Meinungen war – selbst für eine Bundeskanzlerin – anmaßend und aus demokratischer Sicht unverschämt. Für die Angstbewältigung breiter Kreise wirkte Merkels apodiktisches Verhalten überdies schädlich.

In Zeiten stetig wachsender Hysterisierung und medialer Hyperventilation brauchen wir deshalb einen vernunftgeprägteren und rationaleren Umgang mit gesellschaftlichen Ängsten. In den vergangenen Jahren hat man politische Probleme vor allem über die reichhaltig sprudelnden Steuereinnahmen mit viel Transferleistungen zugedeckt. Da es Geld zum Verteilen im Überfluss gab, konnte vielfach auf die wirkliche Problemlösung verzichtet und diese auf einen späteren Zeitpunkt verschoben werden – so zum Beispiel in der Rentenpolitik. Bei einer breiten gesellschaftlichen Emotionalisierung, wie wir es bei der Flüchtlingskrise oder der Corona-Epidemie erlebten, funktioniert dieses Konzept – »Steuergeld gegen gesellschaftliche Ruhe« – hingegen nicht.

Für die demokratische Meinungsfindung im Lande sind diese großen Emotionslagen daher eine extreme Herausforderung. Wenn überall nur furchtsam gebrüllt wird, ist es schwierig, so vielen Menschen wie möglich zuzuhören und ihnen gerecht zu werden. Das heißt jedoch nicht, dass wir es nicht trotzdem versuchen sollten. Tun wir das nämlich nicht, schieben wir die friedensstiftende Funktion des Meinungsstreits beiseite und sorgen dafür, dass Menschen sich nicht integriert, sondern aus dem demokratischen Konzert ausgegrenzt fühlen.

Es ist unerlässlich, dass politische Entscheidungsträger dabei Entscheidungsunsicherheiten offen kommunizieren. Wer zwanghaft den Eindruck zu vermitteln versucht, selbst in der absoluten Ausnahmesituation stets alles im Griff zu haben, der macht eher deutlich, dass er zu einer notwendigen Selbstkritik außerstande ist. Erst wenn der steinige Weg zur Entscheidungsfindung nachvollziehbar erscheint und man transparent von Neubewertungen und Irrungen berichtet, können die Menschen auch schwierige Entscheidungen nachvollziehen.

Und es wäre Aufgabe der kritischen Presse, gerade in unsicheren Zeiten kritisch zu bleiben. Doch daran, ob dies grundsätzlich immer so ist, gibt es prominente Zweifel. Der Publizist Jakob Augstein sah in der Corona-Krise zum Beispiel eine Tendenz zum »Embedded Journalism« nach US-amerikanischem Strickmuster. Er beklagte in einem Podcast mit seinem Kollegen Jan Fleischhauer Anfang Mai 2020, dass viele der politischen Journalisten in Deutschland »nicht mehr unterscheiden können zwischen dem Gegenstand, über den sie berichten und sich selber, weil sie immer Teil des Berichts sind«. Wenn in der Sichtweise dieser Journalisten stets alles auf dem Spiel stehe, so Augstein, es also eigentlich immer irgendwie um Leben und Tod ginge, könne man letztlich auch keine unabhängige Position mehr beziehen.[12] Dann gilt nur noch: Ist der andere im guten oder im bösen Team, auf der hellen oder dunklen Seite?

Mit einem solchen, eher aktivistischen Journalismusverständnis werden allgemeine Krisenzeiten auch zu Krisenzeiten für die Meinungsfreiheit. Denn damit setzt man Kritik an bestimmten politischen Entscheidungen mit Kritik an der journalistischen »Aufklärungsarbeit« gleich. Bei einer kontinuierlichen Angstberichterstattung, wie sie auch rund um »Fridays for Future« zu beobachten war (Greta Thunberg: »I want you to panic«) stört die alternative Ansicht das verbindende Gefühl, dass Geschlossenheit das oberste Gebot sei. Dass dies kein demokratisches Zukunftsmodell ist und vielmehr die wichtige und demokratiestabilisierende Arbeit von freier Presseberichterstattung desavouiert, sollte klar sein.

Mit anderen Worten: Der mündige und aufgeklärte Bürger muss gerade in Zeiten der Krise wachsam bleiben. Wer bewusst Angst kommuniziert und Schreckensszenarien an die Wand malt, versucht hiermit, Meinungen zu beeinflussen und zu lenken. Als freiheitsliebender Demokrat sollte man solchen Apologeten des Schreckens zunächst mit einem guten Schuss optimistischer Renitenz begegnen.

Zwang zur Konformität

Der ehemalige Kanzleramtsminister Bodo Hombach hatte mich im Oktober 2019 nach Bonn eingeladen. Er bat mich, bei einer Veranstaltung mit dem Titel »Demokratie in der Akzeptanzkrise« nicht nur eine einleitende Rede zu halten, sondern an der anschließenden Podiumsdiskussion teilzunehmen. Ziemlich gegen Ende der Runde meldete sich ein älterer Zuschauer, der die Überschrift der Diskussion sehr ernst nahm, und trug daraufhin eine interessante Idee vor. Er echauffierte sich zunächst über die politische Vielstimmigkeit und die angebliche Unfähigkeit, einen echten politischen Konsens zum Wohle des Landes herzustellen. Daher sei doch zu überlegen, so sein Schluss, in Deutschland eine Expertenregierung zu etablieren, die allein auf wissenschaftlicher Basis ihre Entscheidungen treffen solle und damit objektiv »richtig« in die Zukunft weise. Dies könne helfen, die Akzeptanzkrise der Demokratie zu beenden.

Neben mir saßen im Podium Susanne Gaschke, ehemalige Kieler Oberbürgermeisterin und Journalistin, sowie die Politikwissenschaftlerin Grit Straßenberger von der Uni Bonn. Ich wollte gerade zur Antwort ansetzen, als Frau Professor Straßenberger begann, meinen noch unsortierten Gedanken in die richtigen Worte zu fassen. Die Idee sei sehr interessant, so begann sie freundlich. Doch berücksichtige der Fragesteller dabei nicht, dass es nicht »die« Expertenwahrheit gebe. Wissenschaft lebe von unterschiedlichen Ansichten, Ansätzen, Lösungswegen und vor allem: Streit. Daher wäre eine Expertenregierung wahrscheinlich nicht besser, weil es am Ende immer eine Abwägungsfrage ist, wie die unterschiedlichen Bewertungen zu gewichten sind. Darin bestünde dann die Aufgabe der Politik.

Damit war alles gesagt. Der gute Mann setzte sich wieder hin.

Der Gedanke, »die« Wissenschaft als feste Entität bilde die objektive und abschließende Wahrheit ab, hatte in jenen Tagen des Jahres 2019 hohe Konjunktur. Über Monate wurden die Menschen im Lande mit der Information bombardiert, dass »die« Wissenschaft in der Umwelt- und Klimapolitik einer bestimmten Ansicht sei, der politisch nur noch gefolgt werden müsse. Ein Höhepunkt dieser demokratischen Anmaßung war die Idee des Sachverständigenrates für Umweltfragen, einen »Rat für Generationengerechtigkeit« zu etablieren, der mindestens ein aufschiebendes Vetorecht für legislative Entscheidungen erhalten sollte.[13] Dass ein demokratisch nicht gewähltes Gremium einem Verfassungsorgan – auf angeblich objektiver, weil wissenschaftlicher Grundlage – vorschreiben dürfe, wie es sich zu verhalten habe, hatte mit Demokratie nichts mehr zu tun. Wer aber ständig in der Sicht bestätigt wird, die Bewahrung demokratischer Usancen habe hinter der Rettung der Welt zurückzustehen, glaubt sich irgendwann erlauben zu können, Meinungs- und Entscheidungsfreiheit zu begrenzen. Denn Konformität der Ansichten dient dem eigenen Ziel nun einmal sehr viel besser als Vielfalt. Wenn auch ein weltweit renommierter Wissenschaftler wie der Virologe Hendrik Streeck öffentlich erklärt, er traue sich »in dieser emotionalen Debatte nicht mehr, seine Meinung zu sagen«,[14] kommen wir ans Ende der Wissenschaft, wie wir sie kennen.

Der Zwang zur Konformität wird durch die mediale Hysterisierung und Verkürzung begünstigt. Damit habe auch ich einige unangenehme Erfahrungen gemacht. Ein Beispiel: Im August 2018 befragte das Redaktionsnetzwerk Deutschland (RND) mich im Zuge der rechtsextremen Ausschreitungen in Chemnitz zu meiner Position. Ich bekam anschließend insgesamt 20 Sätze zur Autorisierung, die ich dann auch freigab. Hier sagte ich zum Beispiel:

> Die Vorgänge in Chemnitz zeigen, dass Problemlösung dringender denn je gefragt ist. Die Bürger haben das Gefühl, dass sich der Staat vorführen lässt – von rechts und von links. »Deutschland ist Scheiße« zu brüllen und Pflastersteine auf Polizisten zu werfen, ist mindestens genauso zu verurteilen wie Hetzjagden von Rechten gegen vermeintliche Migranten. Wir müssen konsequent gegen diejenigen vorgehen, die glauben, sie könnten rechtsfreie Räume schaffen.

Oder auch:

> Man muss der sächsischen Landesregierung vorwerfen, dass sie das Vernetzen rechter Strukturen viel zu lange verharmlost hat. Das Image Sachsens sollte nicht beschädigt werden. Jetzt ist der Schaden groß – und das Image noch viel stärker beschädigt, als hätte man die Probleme von Anfang an klar benannt.

Diese Gedanken ließ der Redakteur vom RND komplett unter den Tisch fallen. Am Ende war es ein einziger Satz, der – auch noch aus dem Zusammenhang gerissen – einen ordentlichen medialen Shitstorm entfachte, nämlich: »Die Wurzeln für die Ausschreitungen liegen im ›Wir-schaffen-das‹ von Kanzlerin Angela Merkel.« Offenbar aus »dramaturgischen« Gründen wurde meine hinter diesem Satz folgende Einordnung in der RND-Meldung weggelassen:

> Es ist uns seit der Wiedervereinigung nicht ausreichend gelungen, die Menschen im Osten zu integrieren, ihnen anerkennende Wertschätzung entgegenzubringen. Wie sollen sich Menschen fühlen, die glauben, alles was ihnen jahrelang vorenthalten oder gestrichen wurde, werde auf einmal Flüchtlingen gewährt?

Der einzige Satz entfaltete rasch eine enorme Sprengkraft. Die *taz* schrieb, die FDP spiele bewusst mit dem Feuer, weil sie den »Besorgten« mit platten »Anti-Merkel-Parolen« nach dem Mund rede.[15] Die SPD-Vorsitzende Andrea Nahles erklärte, dies sei eine »unglaubliche Einlassung eines gestandenen Politikers«. Sie behauptete, ich hätte mich in keiner Weise vom »rechten Mob« distanziert. Und Nahles kündigte an: »Das wird sicherlich im Ältestenrat des Deutschen Bundestages von uns zur Sprache gebracht werden.«[16] Was jedoch interessanterweise nicht geschah.

Der *Welt*-Journalist Robin Alexander wurde kurz danach im Fernsehsender Phoenix hierzu befragt. Es war gewissermaßen der traurige Gipfel der medialen Unterkomplexität, als der Moderator Stephan Kulle in seiner Frage mein Statement so zusammenfasste: »Kubicki sagte, Merkel ist an allem schuld.« Im Nachhinein ist es bemerkenswert, wie die journalistische Verkürzungsliebe funktionierte und eine negative Stigmatisierung verursachte. Das Problem für den Missverstandenen liegt auf der Hand: Widerspricht man dieser Verkürzung, heißt es dann: »Kubicki relativiert seine ursprüngliche Aussage.« Oder: »Er rudert zurück.«

In diesem Falle kam dankenswerterweise von Robin Alexander der Widerspruch. Er habe dieses Zitat von mir so nicht gelesen und wollte sich daher nicht in den einhelligen Chor der Kritiker einreihen. Zugleich warnte er eindringlich vor einer »Kultur des bewussten Missverstehens«.[17]

Denn wenn es am Ende nur noch darum geht, einen einzigen Satz unter den schlechtesten möglichen Gesichtspunkten zu betrachten, hilft das – um es freundlich auszudrücken – unserer demokratischen Kultur nicht unbedingt weiter.

Die Wirkung, die eine solche Hysterie mit jedem Mal erzielt, übt einen umso größeren Konformitätsdruck auf die Beteiligten in politischen Diskussionen aus. Niemand muss sich wundern, dass in den Debatten mittlerweile eine rhetorische Weichspülerei gepflegt wird, welche die Menschen eher abschreckt als deren Interesse weckt. Wenn die Lehre aus solchen Vorkommnissen lautet, dass aus dem Zusammenhang gerissene Sätze eine potenzielle Gefahr darstellen, muss man künftig jeden Satz isoliert betrachten und gegebenenfalls konform formulieren. Denn, dies lernen wir auch: Kantenlose Konformität wird zumindest nicht diffamiert – oder allenfalls durch Nicht-Hysterisierung eher belohnt.

Dies darf nicht die Zukunft des öffentlichen Diskurses sein. Denn Fortschritt kann nur durch die abweichende Meinung geschehen. Sie muss deshalb unter einem besonderen Schutz stehen. Im Schwarm der Gleichförmigen findet nämlich keine Bewegung statt.

Das Problem der Gewalt

Gesellschaftlicher Frieden ist nicht nur ein Ergebnis von Meinungsfreiheit, sondern auch deren Voraussetzung. Wer sich nicht sicher sein kann, seine Meinung frei von Repression, Einschüchterung und Gewalt äußern zu dürfen, dem kann man es nicht verdenken, wenn er dann erst gar nicht in die Arena steigt und sich damit der öffentlichen Debatte entzieht.

In den vergangenen Jahren hat der Druck auf politische Entscheidungsträger zugenommen. Die Angriffe auf den Bürgermeister der Stadt Altena, Andreas Hollstein, auf die Kölner Oberbürgermeisterin Henriette Reker und auf viele andere Kommunalpolitiker ließen erkennbar werden, dass Gewalt ein virulentes Problem für unsere demokratische Ordnung darstellt. Und nicht zuletzt der erschütternde Mord am Kasseler Regierungspräsidenten Walter Lübcke zeigte auf schrecklichste Weise, dass eine öffentliche Positionierung in Deutschland sogar tödlich enden kann.

Im Jahr 2019 meldete das Bundesinnenministerium mindestens 1241 politische Straftaten gegen Amts- und Mandatsträger. Viele Bürgermeister haben aus Angst um ihr eigenes und das Leben ihrer Familie ihr Amt aufgegeben. Sollte diese Entwicklung nicht durchbrochen werden, steht unsere freiheitliche Demokratie vor dem Aus. Denn dann gibt es irgendwann zu wenige Menschen, die sich noch für das Gemeinwesen einsetzen und einen positiven Beitrag für unser Zusammenleben leisten wollen.

Die FDP-Fraktion hatte im Oktober 2019 zur Verteidigung der Meinungsfreiheit eine Aktuelle Stunde im Deutschen Bundestag beantragt. Noch bevor die Debatte stattfinden sollte, hatte die Göttinger Antifa die Lesung des ehemaligen Bundesinnenministers Thomas de Maizière verhindert. So bekam der Diskurs unvorhergesehen eine neue, noch aktuellere und härtere Dimension. Ich war als Redner für meine Fraktion vorgesehen. In Richtung meiner Kollegen sagte ich:

> […] es ist Aufgabe der Abgeordneten des Deutschen Bundestages, deutlich zu machen, dass sie Rechtsbrüche im politischen Meinungskampf nicht tolerieren, nicht gutheißen, dass es keine klammheimliche Freude gibt, sondern dass sie solche Sachen klar verurteilen, egal welche Person oder welche Parteizentrale gerade angegriffen wird.
> Keine Ideologie, keine Überzeugung, kann für sich in Anspruch nehmen, über dem Gesetz zu stehen. Kein Motiv kann so lauter sein, dass man unsere Rechtsordnung brechen darf. Artikel 1 unseres Grundgeset-

zes muss die unumstößliche Grundlage auch in der politischen Auseinandersetzung sein. Gerade wir Abgeordnete, Vertreter eines Verfassungsorgans, sind aufgerufen, die Menschenwürde zu achten und zu schützen. Das gilt sogar – und ich muss das betonen –, wenn der Kontrahent ein politischer Extremist ist. Selbst dann hat er einen verfassungsrechtlichen Anspruch auf Achtung und Schutz seiner Menschenwürde.

Und mit Blick auf die verhinderte Lesung de Maizières und andere vergleichbare Vorfälle:

> All diese Vorkommnisse sind keine Lappalien. Sie sollten uns endlich aufrütteln. [...] Abgeordnete des Deutschen Bundestages haben eine Vorbildfunktion für die Debattenkultur im Land. Wenn wir uns nicht von solchen Rechtsbrüchen klar distanzieren – gerade wenn es Vertreter der anderen Seite des politischen Spektrums betrifft –, dann machen wir uns über kurz oder lang selbst mitschuldig an der Verrohung des gesellschaftlichen Diskurses. Für einen Demokraten muss es gleichgültig sein, welche Gesinnung hinter einer antidemokratischen Aktion steht.[18]

Wir brauchen neben der konsequenten strafrechtlichen Verfolgung politisch motivierter Taten auch das klare Signal aller Demokraten: Ein Angriff auf einen ist ein Angriff auf alle. Ich würde mir wünschen, dass dies die natürliche Reaktion eines jeden Politikers wäre, wenn ein Mandatsträger irgendeiner anderen politischen Gruppierung betroffen ist. Gelänge es uns, diesen unumstößlichen Verfassungskonsens von ganz rechts zu ganz links klar und sichtbar zu machen, könnten wir die Spirale der Gewalt durchbrechen.

Die politische Arena

Unsere Debattenkultur ist stilbildend

Die Parlamente sind als Kristallisationskern der öffentlichen Auseinandersetzung gedacht. Hier sollen – ja, müssen – die unterschiedlichen Positionen offen ausgetragen werden. Geschieht dies nicht in ausreichendem Maße, schließen sich außerhalb der Parlamente neue Gruppen zusammen, die der Wut, der Angst und der Hoffnung auf eine andere politische Schwerpunktsetzung eine Organisationform geben. Das war bei den Grünen in den 1970er Jahren so, die viele kleine versprengte Gruppierungen der Friedens-, Umwelt- oder auch Antiatomkraftbewegung unter die Haube nahmen. Und das war ebenfalls bei der AfD so, welche die weit verbreitete Angst vor den Hunderttausenden Flüchtlingen politisch kanalisierte. Ohne die Ereignisse des Septembers 2015 hätte diese Partei wahrscheinlich das gleiche Schicksal ereilt wie die Piraten wenige Jahre zuvor. Sowohl bei den Grünen als auch bei der AfD waren die Parlamente aus den verschiedensten Gründen nicht imstande, den gesellschaftlichen Unmut aufzunehmen. Dass sich der Protest über eine neue Partei entladen konnte, ist daher nicht nur als sehr demokratisch, sondern vor allem als friedensstiftend zu betrachten.

Deshalb kann es in einer Demokratie vernünftigerweise nur die Ultima Ratio sein, Parteien gerichtlich aus dem politischen Wettbewerb auszuschließen. Das Ziel der politischen Parteien muss vielmehr darin bestehen, die Unterstützung für demokratisch zweifelhafte Parteien, wie die AfD, zu verringern, indem man die Probleme, die zur extremen Frustwahl geführt haben, aufgreift, offen debattiert und letztlich löst.

Den Genossen Ralf Stegner und mich trennt politisch, habituell und weltanschaulich vieles. Was die demokratische Verantwortung für unser Gemeinwesen angeht, können wir uns aufeinander aber wirklich verlassen. Es war vor allem die ständige heftige Auseinandersetzung zwischen uns beiden im Kieler Landtag, die den Extremisten in Schleswig-Holstein die Luft zum Atmen nahm. Bei der schleswig-holsteinischen Landtagswahl im Mai 2017 erhielt die AfD nur 5,9 Prozent und lag damit deutlich unter dem damaligen Bundestrend der Partei, die wenige Monate später im Bund zur größten Oppositionspartei wurde. Die Polarisierung zwischen Stegner und mir führte offenbar dazu, dass die Menschen eher das Gefühl bekamen, sich zwischen wirklichen Alternativen entscheiden zu können. Ich habe damals eher ernst als humoristisch gesagt, wer Stegner und mich im Land hat, brauche keine Populisten. Entgegen seiner Gewohnheit hat er mir hier nicht widersprochen.[1]

An der Art des Umgangs der Parlamentarier untereinander können wir ablesen, wie es um die Debattenkultur im Land bestellt ist. Es gab immer schon Zeiten, in denen die Abwertung des politischen Mitbewerbers die eigentliche Auseinandersetzung über das »Wie« des Fortschritts überlagerte. Ein besonderer Markstein in meiner politischen Laufbahn war sicherlich die Diskussion im Nachgang der Barschel-Affäre. Der Kieler Landtag hatte sich in zwei Untersuchungsausschüssen der Frage genähert, welche Auswirkungen die schmutzigen Tricks der handelnden Akteure auf die politische Kultur haben könnten – und welche Schlüsse daraus zu ziehen sind.

In der Zusammenfassung des Untersuchungsausschusses »Barschel I« vom 5. Februar 1988 stellte der Landtag daher fest, dass diese Affäre »in ihrem Ausmaß und ihren Wirkungen zu einer der größten Vertrauenskrisen in der Nachkriegsgeschichte der Bundesrepublik Deutschland geführt [hat]«:

> Das gilt sowohl für die Kultur des politischen Streits im demokratischen Staat insgesamt, wie auch für die Auseinandersetzungen innerhalb und außerhalb der politischen Parteien und des Parlaments. Unabhängig von ihrer Verstrickung in den Skandal haben alle Parteien unter dem Vertrauensentzug der Bürgerinnen und Bürger gegenüber Politikern, Parteien, Regierungen und Parlamenten zu leiden.[2]

Der Schluss, den die Abgeordneten damals zogen, war so klar wie aufrüttelnd – und hat bis heute seine Gültigkeit nicht verloren:

> So darf nicht die Herabsetzung, die Demütigung, die persönliche Diffamierung oder gar die psychische Einwirkung zur zulässigen Methode politischer Auseinandersetzungen werden. Was im mitmenschlichen Umgang ehrenrührig oder unzulässig ist, darf auch in der Politik nicht angewendet werden. Parteien und Politiker sollten zu einer neuen politischen Kultur finden, die von gegenseitiger Achtung und Toleranz, Fairneß und Sachlichkeit geprägt ist. Das erfordert ein hohes Maß an Selbstdisziplin, aber auch an Selbstkontrolle und Kritikfähigkeit in den eigenen Reihen. Der Neuanfang im politischen Umgang miteinander sollte sich u.a. dadurch auszeichnen, dem politisch Andersdenkenden nicht von vornherein den guten Willen abzusprechen, ihn nicht persönlich zu verdammen oder gar mit Unterstellungen ins politisch-moralische Abseits zu stellen.[3]

Die Abgeordneten der unterschiedlichen Parlamente müssen sich ihrer Vorbildfunktion für die demokratische Streitkultur im ganzen Land bewusst sein. Sie sind es, die für die angst- und repressionsfreie Ausübung der Meinungsfreiheit stilbildend wirken. Können die Parlamentarier den gegenseitigen Respekt in der Debatte nicht vermitteln, weichen sie schwierigen Themen lieber aus und weigern sie sich, ihre Position bei Erkenntnisgewinn gegebenenfalls zu verändern, dann fügen sie der gesamten politischen Kultur erheblichen Schaden zu.

Vertrauen zu zerstören kann sehr schnell gehen. Vertrauen wieder aufzubauen dauert hingegen Jahre.

Die Stärken des Systems

Eine der Stärken unseres politischen Systems ist seine Wehrhaftigkeit. Das war eine der Lehren aus der Weimarer Republik. In den Beratungen des Parlamentarischen Rates zur Vorbereitung des Grundgesetzes machte der große Sozialdemokrat Carlo Schmid deutlich, dass die Duldsamkeit der neuen Demokratie begrenzt werden müsse. Am 8. September 1948 sagte er dort:

> Ja, ich bin der Meinung, daß es nicht zum Begriff der Demokratie gehört, daß sie selber die Voraussetzungen für ihre Beseitigung schafft. […] Demokratie ist nur dort mehr als ein Produkt einer bloßen Zweckmäßigkeitsentscheidung, wo man den Mut hat, an sie als etwas für die Würde des Menschen Notwendiges zu glauben. Wenn man aber diesen Mut hat, dann muß man auch den Mut zur Intoleranz denen gegenüber aufbringen, die die Demokratie gebrauchen wollen, um sie umzubringen.[4]

Vor diesem Hintergrund bauten die Mütter und Väter unserer Verfassung mehrere Sicherheitsnetze ein, um die Demokratie zu schützen und die Menschenwürde zu wahren. So werden die persönlichen Freiheitsrechte in Artikel 2 Absatz 1 ausdrücklich auch von der verfassungsmäßigen Ordnung begrenzt. Die Freiheit von Forschung und Lehre nach Artikel 5 Absatz 3 entbindet nicht von der Treue zur Verfassung. Und auch die Meinungsfreiheit ist – wie wir bereits gesehen haben – nicht grenzenlos: Die reine Ablehnung der freiheitlich-demokratischen Grundordnung an sich stellt noch keinen Tatbestand dar, wer aber etwa den Holocaust leugnet, muss mit empfindlichen Strafen rechnen. Und wer die Demokratie aktiv kämpferisch und aggressiv beseitigen will, hat in unserem freiheitlichen Staat den härtesten Widersacher.

Zur Stärke des Systems gehört auch die Offenheit und Transparenz der Debatte. Die vielfältigen Versuche der AfD zum Beispiel, die demokratischen Institutionen sowohl im Parlament als auch außerhalb verächtlich zu machen, zerschellen in der Regel. Durch die verfassungsmäßige Bindung an Recht und Gesetz fällt es jedem schwer, systemische Ungerechtigkeiten der Demokratie zutage zu fördern. Es gibt sie einfach nicht. Unsere demokratische Ordnung ist selbst gegenüber ihren erbitterten Gegnern fair.

Wenn die Populisten Benachteiligungen im politischen Wettbewerb beklagen, ist es immer ihr gutes Recht, dies von Gerichten überprüfen zu lassen. Sie sind aber auch gezwungen, ihrerseits Argumente für die eigene Position vorzutragen. Dass die AfD nicht den Klageweg beschritten hat, als ihre Kandidaten für den Posten des Vizepräsidenten des Deutschen Bundestages reihenweise nicht von der Abgeordnetenmehrheit gewählt wurden, muss nicht die Mehrheit erklären – sondern die AfD selbst. Das weinerliche Beklagen über angeblich rechtswidrige Umstände ist dann nur noch hilflos und peinlich, wenn man die rechtliche Auseinandersetzung am Ende scheut.

Außerdem gibt es parlamentarische Mittel, die demokratiestabilisierend wirken. Dazu zählt das Kontrollrecht gegenüber der Regierung. Die Abgeordneten müssen die Möglichkeit haben, am Wissen der Regierung teilzuhaben und sich eine Meinung über die Abläufe, Einschätzungen und Prozesse des Regierungshandelns bilden zu können. Meinungsfreiheit ist daher nur mit Informationsfreiheit gemeinsam denkbar.

In seinem Urteil vom 7. November 2017 hatte das Bundesverfassungsgericht es wie folgt formuliert:

> Ohne Beteiligung am Wissen der Regierung kann das Parlament sein Kontrollrecht gegenüber der Regierung nicht ausüben. Daher kommt dem parlamentarischen Informationsinteresse besonders hohes Gewicht zu, soweit es um die Aufdeckung möglicher Rechtsverstöße und vergleichbarer Missstände innerhalb von Regierung und Verwaltung geht.[5]

Diese Offenheit und Überprüfbarkeit ist für die öffentliche Diskussion über einen besseren Weg unerlässlich. Erst durch die Verfügbarkeit freier Informationen kann konstruktive Kritik geübt und dem Fortschritt gedient werden. Die Meinungs- und Informationsfreiheit wirkt daher als demokratisches Korrektiv für falsche Entscheidungen.

Jeder Demokrat weiß: Nur derjenige, der etwas verbergen will, macht sich angreifbar. Deshalb setzt unsere demokratische Ordnung der Einschränkung der Informationsfreiheit sehr enge Grenzen.

Die fortwährende Aufgabe der Demokraten

Beginnen wir den Schluss dieses Buches mit einer alarmierenden Erkenntnis: Ich kann mich an keine Phase der Bundesrepublik erinnern, in der es um die Freiheit der Meinung so schlecht bestellt war wie heute. Nicht, weil wir nicht alles sagen dürften. Im Gegenteil: Jeder Mensch, wirklich jeder, hat vor allem durch die sozialen Medien die Möglichkeit, so viel Bühne für seine geistigen Ergüsse zu haben, wie er möchte. Und seien sie noch so simpel, ekelhaft oder dumm.

Es ist um die Freiheit der Meinung heute deshalb so schlecht bestellt, weil die Offenheit und die Vorurteilsfreiheit für andere Meinungen noch nie so schwach ausgeprägt waren. Man kann zwar alles sagen, wird aber nicht mehr differenziert gehört. Die Bereitschaft, dem anderen zuzuhören, sinkt stetig. Eher wird die einzelne Meinung in eine bestimmte Schublade gesteckt, der Meinende mit einem Emblem versehen, auch um gewissermaßen eine allgemeine Komplexitätsreduktion vorzunehmen.

Hinzu tritt eine weitverbreitete Lust, Meinungen, die von einem bestimmten Pfad abweichen, abzudrängen und aus dem angeblichen gesellschaftlichen Konsens herauszudefinieren. Das ist deshalb undemokratisch, weil das Hauptziel unserer Demokratie die friedliche Integration von Meinungen und Interessen ist, nicht deren Ausgrenzung.

Der aktuellen öffentlichen Debatte mangelt es leider an Respekt für den Abweichler. Das ist deshalb sehr bedenklich, weil gerade die abweichenden Meinungen für den Fortschritt unabdingbar sind. Verzichten wir also dauerhaft auf den Störenfried des Mainstreams, grenzen wir ihn aus, stornieren wir seine unbehagliche Auffassung, dann verzichten wir mittelfristig auch auf die neue Sichtweise, die bessere Idee, den eigentlichen Fortschritt. Nur die saturierte Gesellschaft kann es sich erlauben, bequem im Sessel sitzenzubleiben. Sie wird dann jedoch erleben, dass sie irgendwann nicht mehr aufstehen kann.

Leider hat die Bundesregierung in den vergangenen Jahren viel dafür getan, dem Mainstream das politische Ruder zu überlassen – mit allen Konsequenzen für die politische Dynamik des Landes. *Der Spiegel* berichtete bereits 2014 in einem bemerkenswerten Artikel über den großen Einfluss von Meinungsumfragen auf die politische Agenda der Bundeskanzlerin Angela Merkel. Es offenbarte sich, dass die vom Bundespresseamt in Auftrag gegebenen Umfragen (etwa 600 in einer Legislaturperiode) nicht nur die Rhetorik, sondern auch die inhaltliche Positionierung der Bundesregierung verändert hätten.[1] Diese Einschätzung wurde im Mai 2020 vom Wissenschaftszentrum Berlin für Sozialforschung (WZB) noch einmal bestätigt.[2]

Wenn die Kanzlerin also politisch von der Mehrheitsmeinung beeinflusst wird, heißt das, dass sie die politische Dynamik der Gesellschaft überlässt – anstatt selbst eine politische Dynamik auf die Gesellschaft zu entfalten. Das kann man selbstverständlich machen. Die Kanzlerin wurde ja auch immer wieder gewählt. Damit reagiert sie aber eher, als dass sie regiert.

Aus dieser Sorge um unsere Demokratie erwächst die Frage an alle Demokraten: Was ist unsere heutige Aufgabe, um die Meinungsfreiheit künftig erhalten und verteidigen zu können?

Die Aufgabe aller Demokraten muss es sein, für die Toleranz der Mindermeinung in der öffentlichen Debatte zu streiten – und nicht, diese wert- und wortlos unter den Tisch fallen zu lassen. Möchten wir unsere demokratische Kultur erhalten, muss diese Toleranz immer wieder gelebt und eingeübt werden. Wir kommen nicht umhin, den anderen zuzuhören, wenn wir als demokratische Gesellschaft weiterleben wollen. Dabei ist es unsere Pflicht, sowohl den Lauten zuhören, die unüberhörbar schreien, als auch den Leisen, die vielleicht die besseren Argumente haben. Der demokratische Streit muss deshalb ohne Stigmatisierung, Schubladenfixierung und Verunglimpfung des anderen geschehen; und ohne Vereinfachung der Meinungsäußerung, deren verkürzte Verzerrung und ohne das moralische Unwerturteil. Das heißt auch, dass wir uns alle an die demokratischen Spielregeln halten müssen. Das Spielfeld, auf dem wir uns bewegen, wird von den Leitlinien unserer Verfassung begrenzt.

Die Aufgabe der Demokraten ist die Überwindung der vielfach grassierenden Angst. Diese wird aus politischen Gründen gezüchtet, wenn beispielsweise Greta Thunberg allen Nicht-Schülern auf der Welt »I want you to panic« zuruft. Angst hat sich leider in den vergangenen Jahren auch zum medialen Lebenselixier entwickelt, weil die Warnung vor Gefahren die Klickzahlen, die Auflage und die Einschaltquoten steigert. Und diese Angst ist genau dann politisch wirksam, wenn man sie benutzt, um Verhaltenskonformität zu erzielen. Sie lähmt und erschwert die Veränderung zum Besseren. Eine freie, demokratische und mündige Gesellschaft ist daher eine möglichst angstfreie Gesellschaft. Sie fürchtet die andere Meinung nicht, sondern sieht diese vielmehr als Bereicherung an. Abgesehen vom Papst kann niemand für sich in Anspruch nehmen, unfehlbar zu sein. Deshalb verhilft uns der Widerspruch entweder zu einer neuen Sichtweise oder zu einer Schärfung unserer Argumente. Haben wir also Mut zur Debatte und zum Widerspruch!

Die Aufgabe der Demokraten ist deshalb auch, eine positive Position zu Veränderungen zu kultivieren. Es ist demokratisch, Verbesserungsvorschläge zu unterbreiten, darüber mit anderen zu streiten und für seine Idee einzustehen. Ein Demokrat grenzt sich auch von anderen ab – aber nicht destruktiv, sondern positiv begründend. Undemokratisch sind die Ablehnung jeglicher Veränderung und die destruktive Kritik um des Kritisierens willen.

Die Aufgabe der Demokraten ist, keine absoluten Wahrheiten zu akzeptieren. Es gibt weder ein Ende der Geschichte noch abschließende Gewissheiten, »die« Wissenschaft oder alternativlose Politik. Wir müssen immer wieder darauf hinweisen, dass jede Zeit, jede neue Situation Fragen an unsere bisherigen Lösungen stellt. Das, was richtig ist, ist in einer Demokratie stets eine Frage des gesellschaftlichen Aushandelns. Dafür bedarf es eines kritikfreudigen und offenen Diskussionsklimas.

Die Aufgabe der Demokraten ist die ständige Besinnung auf die Menschlichkeit. Wir können uns über den anderen und seine Meinung ärgern, sollten ihm aber nicht automatisch den guten Willen absprechen oder ihm gar mit Verachtung begegnen. Intoleranz haben die Gegner unserer Verfassung verdient. Alle anderen verdienen Respekt.

Zugegeben, das alles ist schwierig. Aber unsere Freiheit ist nun einmal nicht einfach zu haben.

Nachwort

Es ist meinem Büroleiter Dr. Klaus Weber zu verdanken, dass dieses Buch geschrieben wurde und erschienen ist. Gemeinsam haben wir in hunderten Diskussionsrunden über die letzten zehn Jahre den Verfall der Diskussionskultur hautnah miterlebt und mit erlitten.

Ich würde mir wünschen, dass die Verfechter der Meinungsfreiheit in den anderen Parteien ihren Worten Taten folgen lassen und ebenfalls offen für die Rechte ihrer Mitmenschen – und auch ihrer Gegner – einstehen. Als Verteidiger des Rechtsstaats müssen wir konstruktiv Lösungsvorschläge unterbreiten und uns der Auseinandersetzung mit großer Lust stellen.

Die in diesem Buch genannten Beispiele, aber auch die Vorgänge um Rainer Meyer alias Don Alphonso, dessen Berufung in eine Jury des Deutschen Bundestages zurückgenommen werden sollte[1] oder Winfried Kretschmann, der sich öffentlich dafür rechtfertigen muss, dass er Gendersternchen nicht so toll findet,[2] zeigen: Der Kampf geht weiter.

Das Redigieren des Buches war für Dr. Weber eine Herkulesaufgabe, die er bravourös gemeistert hat. Größter Respekt und Dank dafür.

Selbige gebühren auch dem Westend Verlag für seinen Mut, sich dem Zeitgeist nicht anzupassen, sondern dabei zu helfen, ihn zu verändern. Philipp Müller hat mit seinem akkuraten Lektorat dafür gesorgt, dass der Text noch etwas besser fließt.

Und zum Schluss die Hoffnung, dass die Leserinnen und Leser dieses Buches den Wert der Meinungsfreiheit und ihrer Verteidigung auch für ihr Leben intensiver empfinden als vor der Lektüre.

Wolfgang Kubicki im August 2020

Anmerkungen

Einleitung

1. Vgl. z.B. »Allensbach-Umfrage zu Meinungsfreiheit: Mehrheit äußert sich nur vorsichtig«, n-tv.de vom 22. Mai 2019: https://www.n-tv.de/ticker/Allensbach-Umfrage-zu-Meinungsfreiheit-Mehrheit-aeussert-sich-nur-vorsichtig-article21041568.html (abgerufen am 9. Juni 2020).
2. »Widerstand darf kein Dogma werden«, zeit.de vom 8. Juli 2020: https://www.zeit.de/2020/29/cancel-culture-liberalismus-rassismus-soziale-gerechtigkeit/komplettansicht?print (abgerufen am 29. Juli 2020).

Die rechtliche Dimension

1. Volker Kitz: *Meinungsfreiheit! Demokratie für Fortgeschrittene*. Frankfurt am Main 2018, S. 7.
2. Urteil des Bundesverfassungsgerichtes vom 17. Januar 2017, 2 BvB 1/13: https://www.bundesverfassungsgericht.de/SharedDocs/Entscheidungen/DE/2017/01/bs20170117_2bvb000113.html (abgerufen am 8. Juni 2020).
3. Urteil des Bundesverfassungsgerichtes vom 15. Januar 1958, 1 BvR 400/51: https://www.bundesverfassungsgericht.de/SharedDocs/Entscheidungen/DE/1958/01/rs19580115_1bvr040051.html (abgerufen am 8. Juni 2020).
4. Deniz Yücel: »Super, Deutschland schafft sich ab!«, taz.de vom 4. August 2011: https://taz.de/Kolumne-Geburtenschwund/!5114887/ (abgerufen am 8. Juni 2020).
5. Nachzulesen ist die Plenardebatte vom 22. Februar 2018 hier, ab S. 1182: https://dipbt.bundestag.de/dip21/btp/19/19014.pdf (abgerufen am 9. Juni 2020).
6. Beschluss des Bundesverfassungsgerichtes vom 8. Februar 2017, 1 BvR 2973/14: https://www.bundesverfassungsgericht.de/SharedDocs/Entscheidungen/DE/2017/02/rk20170208_1bvr297314.html (abgerufen am 8. Juni 2020).

7. Beschluss des Bundesverfassungsgerichtes vom 12. Mai 2009, 1 BvR 2272/04: https://www.bundesverfassungsgericht.de/SharedDocs/Entscheidungen/DE/2009/05/rk20090512_1bvr227204.html (abgerufen am 8. Juni 2020).
8. Beschluss des Landgerichtes Berlin vom 9. September 2019, Az. 27 AR 17/19.
9. Abhilfebeschluss des Landgerichtes Berlin vom 21. Januar 2020, Az. 27 AR 17/19.
10. Beschluss des Kammergerichtes Berlin vom 11. März 2020, Az. 10 W 13/20.
11. Beschluss des Bundesverfassungsgerichtes vom 5. April 2001, 1 BvR 932/94: https://www.bundesverfassungsgericht.de/SharedDocs/Entscheidungen/DE/2001/04/rk20010405_1bvr093294.html (abgerufen am 8. Juni 2020).
12. Vgl. Christian Rost: »Anwalt darf Bayerns Innenminister ›wunderbares Inzuchtprodukt‹ nennen«, sueddeutsche.de vom 8. Mai 2016: https://www.sueddeutsche.de/bayern/urteil-anwalt-darf-bayerns-innenminister-wunderbares-inzuchtprodukt-nennen-1.2984631 (abgerufen am 8. Juni 2020).
13. Beschluss des Verwaltungsgerichtes Meiningen vom 26. September 2019, Az. 2E 1194/19 Me. Dort auch Wiedergabe der folgenden Höcke-Zitate.
14. Urteil des Amtsgerichtes Zwickau vom 22. Juni 2012, Az. 2 C 1961/11.
15. Urteil des Oberlandesgerichtes Hamm vom 9. Dezember 1981, Az. 7 Ss 1584/81.
16. Urteil des Landesverfassungsgerichtes Mecklenburg-Vorpommern vom 19. Dezember 2019, LVerfG 1/19: https://www.mv-justiz.de/static/MVJ/Gerichte/Landesverfassungsgericht/Entscheidungen/2019/1%20-%2019%20Urteil%2019.12.2019.pdf (abgerufen am 8. Juni 2020).
17. Vgl. z. B. Ines Rákóczy: »Demo in Köln gegen das N-Wort«, bild.de vom 18. Januar 2020: https://www.bild.de/regional/koeln/koeln-aktuell/demonstration-in-koeln-neger-gehoert-aus-sprachgebrauch-verbannt-67411270.bild.html (abgerufen am 9. Juni 2020).
18. Roberto Blanco im Gespräch mit Jörg Isringhaus: »Wunderbarer Neger ist keine Beleidigung«, rp-online.de vom 2. September 2015: https://rp-online.de/panorama/robert-blanco-zu-joachim-herrmann-wunderbarer-neger-ist-keine-beleidigung_aid-22026527 (abgerufen am 8. Juni 2020).
19. Peter Tauber: »Dieser Feind steht rechts«, welt.de vom 19. Juni 2019: https://www.welt.de/debatte/kommentare/plus195520597/Peter-Tauber-Muessen-endlich-Artikel-18-des-Grundgesetzes-anwenden.html (abgerufen am 8. Juni 2020).

Die mediale Dimension

1. Hasnain Kazim: »Und morgen bist Du tot!«, zeit.de vom 24. Januar 2020: https://www.zeit.de/gesellschaft/2020-01/hass-journalisten-morddrohung-meinungsaeusserung-neonazis-rassismus-afd (abgerufen am 8. Juni 2020).
2. Don Alphonso am 6. August 2020: https://twitter.com/_donalphonso/status/1291337177780158468 (abgerufen am 10. August 2020).

3. Vgl. z. B. Jörg Diehl: »Noch ein Foto, dann hau ich dir aufs Maul!«, spiegel.de vom 12. Februar 2020: https://www.spiegel.de/politik/deutschland/linksextremismus-in-deutschland-sei-ein-terroris t-a-00000000-0002-0001-0000-000169356802 (abgerufen am 9. Juni 2020).
4. Zitiert nach André Kroll: »Merz: Wir brauchen die (Medien) nicht mehr«, ndr.de vom 18. Februar 2020: https://www.ndr.de/fernsehen/sendungen/zapp/Wir-brauchen-die-Medien-nicht-mehr,merz180.html (abgerufen am 8. Juni 2020).
5. Offener Brief des DJV-Bundesvorsitzenden Frank Überall an Friedrich Merz, djv.de vom 17. Februar 2020: https://www.djv.de/fileadmin/user_upload/INFOS/Themen/Medienpolitik/Offener_Brief_an_Friedrich_Merz.pdf (abgerufen am 8. Juni 2020).
6. Programmrichtlinien des WDR, hier S. 12: https://www1.wdr.de/unternehmen/der-wdr/profil/programmauftrag/aufgabe_programmrichtlinien100.pdf (abgerufen am 8. Juni 2020).
7. Anja Reschke: »Wir müssen uns gemein machen – mit unserer Verfassung«, daserste.de vom 4. Dezember 2018: https://daserste.ndr.de/panorama/aktuell/Wir-muessen-uns-gemein-machen-mit-unserer-Verfassung,reschke510.html (abgerufen am 8. Juni 2020).
8. Dargestellt u. a. im Video von Stefan Niggemeier: »Anja Reschkes Totschlagargument gegen die AfD«, uebermedien.de vom 30. März 2017: https://uebermedien.de/14286/anja-reschkes-totschlagargument-gegen-die-afd/ (abgerufen am 8. Juni 2020).
9. Georg Restle: »Plädoyer für einen werteorientierten Journalismus«, in: *Print. Das Magazin des WDR*, Juli/August 2018, S. 44f: http://life-info.de/inh1./WDRprint%20Juli2018.pdf (abgerufen am 8. Juni 2020).
10. Zitiert nach: Monitor-Chef Georg Restle im journalist-Interview. Kritik am Umgang mit Asylthemen und AfD. »Nicht jeden Mist abbilden«, presseportal.de vom 27. Juli 2018: https://www.presseportal.de/pm/20126/4019386 (abgerufen am 8. Juni 2020).
11. Philipp Oehmke: »Die Zeit der Neutralität ist vorbei«, spiegel.de vom 11. Juni 2020: https://www.spiegel.de/kultur/new-york-times-die-zeit-der-neutralitaet-ist-vorbei-a-5ccaa4e4-eca2-4a2e-b2d7-22e6a484f8ce (abgerufen am 15. Juni 2020).
12. Florian Gathmann: »Wir müssen so neutral sein wie möglich«, spiegel.de vom 11. Juni 2020: https://www.spiegel.de/kultur/wir-muessen-so-neutral-sein-wie-moeglich-a-1820e9d1-9cf6-4d3f-8965-aa7a59f9ec66 (abgerufen am 15. Juni 2020).
13. Vgl. z. B. Joachim Huber: »Der Journalist denkt, Angela Merkel lenkt?« tagesspiegel.de vom 20. November 2019: https://www.tagesspiegel.de/gesellschaft/medien/studie-zur-glaubwuerdigkeit-der-medien-der-journalist-denkt-angela-merkel-lenkt/25248264.html (abgerufen am 9. Juni 2020).
14. Vgl. Pressemitteilung der *Zeit*-Verlagsgruppe: ZEIT CAMPUS-Umfrage: Nur drei Prozent der 18- bis 30-Jährigen gehen regelmäßig auf Demonstrationen wie »Fridays for Future«, zeit-verlagsgruppe.de vom 7. August 2019: https://www.zeit-verlagsgruppe.de/pressemitteilung/zeit-campus-umfrage-nur-drei-

prozent-der-18-bis-30-jaehrigen-gehen-regelmaessig-auf-demonstrationen-wie-fridays-for-future/ (abgerufen am 8. Juni 2020).
15. Vgl. Klaus Brodbeck: »CSU-Kampagne gegen Tempolimit«, zdf.de vom 2. Februar 2020: https://www.zdf.de/nachrichten/heute-sendungen/videos/csu-kampagne-gegen-tempolimit-100.html (abgerufen am 8. Juni 2020).
16. Zitiert in: Jochen Bittner und Stefan Schirmer: »Nicht mein Fernsehen. Streitgespräch mit Peter Frey«, in: *Die Zeit* vom 18. Dezember 2019, S. 12.
17. Michael Haller: *Die »Flüchtlingskrise« in den Medien. Tagesaktueller Journalismus zwischen Meinung und Information*, Frankfurt am Main 2017, S. 135: https://www.otto-brenner-stiftung.de/fileadmin/user_data/stiftung/02_Wissenschaftsportal/03_Publikationen/AH93_Fluechtingskrise_Haller_2017_07_20.pdf (abgerufen am 8. Juni 2020).
18. Ebd., S. 141.
19. Marcus Maurer u.a.: »Auf den Spuren der Lügenpresse. Zur Richtigkeit und Ausgewogenheit der Medienberichterstattung in der ›Flüchtlingskrise‹«, in: *Publizistik* (2019) 64, S. 15–35, hier: S. 32.
20. Zitiert nach: »›XY‹ stoppt Beitrag wegen Flüchtlingsdebatte«, n-tv.de vom 21. August 2015: https://www.n-tv.de/politik/XY-stoppt-Beitrag-wegen-Fluechtlingsdebatte-article15767526.html (abgerufen am 8. Juni 2020).
21. Sonja Thomaser: »Kritik an Antifa: Nichts als populistische Hetze«, fr.de vom 25. Oktober 2019: https://www.fr.de/meinung/thomas-maizire-goettingen-kritik-antifaschistischer-linke-hetze-13144156.html (abgerufen am 8. Juni 2020).
22. Vgl. die Presseinformation des Hessischen Verwaltungsgerichtshofes vom 19. Juli 2019 zum vorangegangenen Beschluss, Az. 2 B 1532/19: https://verwaltungsgerichtsbarkeit.hessen.de/sites/verwaltungsgerichtsbarkeit.hessen.de/files/19_7_19%20Demonstration%20in%20Kassel_0.pdf (abgerufen am 8. Juni 2020).
23. Rede von Clemens Tönnies auf dem »Tag des Handwerks« in Paderborn am 1. August 2019, zitiert nach: »Tönnies' Rede im genauen Wortlaut«, sport1.de vom 8. August 2019: https://www.sport1.de/fussball/bundesliga/2019/08/schalke-04-rassismus-oder-nicht-clemens-toennies-rede-im-wortlaut (abgerufen am 8. Juni 2020).
24. Beispiele für diese Zitate: »Clemens Tönnies empört mit rassistischen Aussagen«, spiegel.de vom 2. August 2019: https://www.spiegel.de/wirtschaft/unternehmen/clemens-toennies-empoert-mit-rassistischen-aussagen-ueber-afrikaner-a-1280178.html; Jan Ehrhardt: »Tönnies sorgt für Eklat: ›Dann würden die Afrikaner aufhören, Kinder zu produzieren‹«, faz.net vom 3. August 2019: https://www.faz.net/aktuell/sport/fussball/bundesliga/schalke-aufsichtsrat-clemens-toennies-sorgt-fuer-eklat-16314607.html; »Nur von Diskriminierung zu sprechen, trägt zur Verharmlosung bei«, tagesspiegel.de vom 7. August 2019: https://www.tagesspiegel.de/sport/rassismus-eklat-um-schalke-chef-toennies-nur-von-diskriminierung-zu-sprechen-traegt-zur-verharmlosung-bei/24877670.html; »Schalke-Chef verstört mit rassistischer Äußerung«, zeit.de vom 2.

August 2019: https://www.zeit.de/sport/2019-08/clemens-toennies-tag-des-handwerks-klimawandel-rassismus; »Rassistische Entgleisung von Tönnies«, welt.de vom 3. August 2019: https://www.welt.de/print/die_welt/sport/article197897039/Rassistische-Entgleisung-von-Toennies.html; Martin Schneider: »Mit einer Entschuldigung ist es nicht getan«, sueddeutsche.de vom 4. August 2019: https://www.sueddeutsche.de/sport/toennies-rassismus-schalke-1.4551566 (alle abgerufen am 8. Juni 2020).

25. Micky Beisenherz: »Der Tor kann gehen – Tönnies unchained«, stern.de vom 6. August 2019: https://www.stern.de/kultur/micky-beisenherz/micky-beisenherz-ueber-schalke-boss-clemens-toennies-8834684.html (abgerufen am 8. Juni 2020).
26. »Dumpfer Rassismus: Jetzt äußert sich sogar die Bundesjustizministerin zum Tönnies-Eklat«, tagesspiegel.de vom 4. August 2019: https://www.handelsblatt.com/politik/deutschland/unternehmer-und-schalke-aufsichtsratschef-dumpfer-rassismus-jetzt-aeussert-sich-sogar-die-bundesjustizministerin-zum-toennies-eklat/24869472.html?ticket=ST-95974-Uc6DvqYYL0H0lsOLElTP-ap5 (abgerufen am 8. Juni 2020).
27. Zitiert nach: Thomas Fischer: »Tönnies, Wurst und Wahn«, spiegel.de vom 15. August 2019: https://www.spiegel.de/panorama/justiz/clemens-toennies-und-rassismus-wurst-und-wahn-kolumne-a-1281747.html (abgerufen am 8. Juni 2020).
28. Vgl. z.B. Nicoline Haas: »Angriff auf das ›grüne Herz‹ Afrikas«, greenpeace.de: https://www.greenpeace.de/themen/walder/urwalder/angriff-auf-das-grune-herz-afrikas (abgerufen am 8. Juni 2020).
29. Vgl. z.B. Ernst Ulrich von Weizsäcker im Gespräch mit Ute Welty: »Wir brauchen eine neue Aufklärung«, deutschlandfunkkultur.de vom 7. April 2018: https://www.deutschlandfunkkultur.de/50-jahre-club-of-rome-wir-brauchen-eine-neue-aufklaerung.1008.de.html?dram:article_id=415017 (abgerufen am 8. Juni 2020).
30. Thomas Fischer: »Tönnies, Wurst und Wahn«.
31. Ebd.
32. Bernhard Pörksen im Interview mit dem *Standard*: »Der Journalismus ist zu lange den Virologen gefolgt«, derstandard.de vom 3. Mai 2020: https://www.derstandard.de/story/2000117210740/poerksen-der-journalismus-ist-zu-lange-den-virologen-gefolgt (abgerufen am 8. Juni 2020).
33. So etwa Julia Emmrich: »Die Corona-Krise der FDP«, in: *Westdeutsche Allgemeine Zeitung* vom 13. Mai 2020: »Derart kalte Töne hört man sonst nur noch selten in der FDP.«

34. Daniel Kretschmar: »Hemdsärmlige Menschenverachtung«, taz.de vom 11. Mai 2020: https://taz.de/Absturz-der-FDP-in-Corona-Zeiten/!5681714/ (abgerufen am 14. Mai 2020).
35. Vgl. https://www.presserat.de/files/presserat/dokumente/download/Pressekodex2017light_web.pdf (abgerufen am 18. Juni 2020).
36. Zitiert nach Tobias Peter: »Das einsame Klatschen der Pressesprecher«, fr.de vom 7. März 2016: https://www.fr.de/kultur/einsame-klatschen-pressesprecher-11634912.html (abgerufen am 8. Juni 2020).
37. »Jauch entlarvt Söders Klatsch-Tante im Publikum«, focus.de vom 1. Dezember 2014: https://www.focus.de/politik/deutschland/stimmungsmache-mit-pressesprecherin-gemach-gemach-so-uebel-wurde-markus-soeder-von-guenther-jauch-vorgefuehrt_id_4312638.html (abgerufen am 8. Juni 2020).
38. Zitiert nach: »Grünen-Chef erntet Spott für Wahlkampf-Video zu Thüringen«, tagesspiegel.de vom 6. Januar 2019: https://www.tagesspiegel.de/politik/robert-habeck-gruenen-chef-erntet-spott-fuer-wahlkampf-video-zu-thueringen/23833706.html (abgerufen am 8. Juni 2020).
39. Arno Frank: »Bleib weg, Habeck«, spiegel.de vom 9. Januar 2019: https://www.spiegel.de/kultur/gesellschaft/robert-habeck-social-media-rueckzug-des-gruenen-chefs-bleib-weg-habeck-a-1247285.html (abgerufen am 8. Juni 2020).
40. Robert Habeck: »Bye bye, twitter und Facebook«, robert-habeck.de vom 7. Januar 2019: https://www.robert-habeck.de/texte/blog/bye-bye-twitter-und-facebook/ (abgerufen am 8. Juni 2020).
41. Nicole Diekmann am 26. April 2020: https://twitter.com/nicolediekmann/status/1254530621495525377 (abgerufen am 8. Juni 2020).
42. Vgl. »Verlor die FDP wegen dieses Fotos die Hamburg-Wahl?«, bild.de vom 24. Februar 2020: https://www.bild.de/bild-plus/politik/inland/politik-inland/holland-statt-elb-metropole-kostete-der-fdp-dieses-foto-die-hamburg-wahl-69005182,view=conversionToLogin.bild.html (abgerufen am 8. Juni 2020).
43. Spiegel-Standards vom Januar 2020, hier: S. 37: https://cdn.prod.www.spiegel.de/media/6f4e5a46-c4f9-4ed3-9a66-d75b207b37e2/SPIEGEL_Standards_Januar2020.pdf (abgerufen am 8. Juni 2020)
44. Zitiert nach: »Merz empört mit Aussage: Rechtsradikalismus mit Grenzkontrollen bekämpfen«, rnd.de vom 25. Februar 2020: https://www.rnd.de/politik/merz-schockt-mit-aussage-rechtsradikalismus-mit-grenzkontrollen-bekampfen-7J7IOVPGFVDZLEWXSRJOTDD3QY.html (abgerufen am 8. Juni 2020).
45. Programmrichtlinien des WDR gemäß §4a WDR-Gesetz. Verabschiedet vom WDR Rundfunkrat am 15. Oktober 2013: https://recht.nrw.de/lmi/owa/br_bes_text?anw_nr=1&gld_nr=2&ugl_nr=2251&bes_id=25804&val=25804&ver=7&sg=0&aufgehoben=N&menu=1 (abgerufen am 8. Juni 2020).
46. Georg Restle am 10. Februar 2020: https://twitter.com/georgrestle/status/1226960497213399040 (abgerufen am 8. Juni 2020).

Die gesellschaftliche Dimension

1. So Gottfried Curio (AfD) am 2. Februar 2018 im Deutschen Bundestag.
2. So Martin Erwin Renner (AfD) am 27. November 2019 im Deutschen Bundestag.
3. Vgl. Julia Schuler u. a.: »Rechtsextremismus, Gewaltbereitschaft, Antisemitismus und Verschwörungsmentalität: AfD-Wähler_innen weisen die höchste Zustimmung zu anti-demokratischen Aussagen auf«, uni-leipzig.de vom 25. Februar 2020: https://home.uni-leipzig.de/decker/wahlpraeferenz.pdf (abgerufen am 8. Juni 2020).
4. In der gemeinsamen Entschließung von CDU-Präsidium und -Bundesvorstand heißt es: »Wer die AfD unterstützt, muss wissen, dass er damit bewusst auch rechtsradikalen Hass und Hetze, extreme Polarisierung und persönliche Diffamierungen in Kauf nimmt. Und wir wissen, wie persönliche Diffamierungen letztlich zu Morddrohungen, Gewalttaten bis hin zum Mord führen können. Jeder, der in der CDU für eine Annäherung oder gar Zusammenarbeit mit der AfD plädiert, muss wissen, dass er sich einer Partei annähert, die rechtsextremes Gedankengut, Antisemitismus und Rassismus in ihren Reihen bewusst duldet. Er muss wissen, dass er sich einer Partei annähert, die ein ideologisches Umfeld unterstützt, aus dem der mutmaßliche Täter von Walter Lübcke gekommen ist.« Präsidium und Bundesvorstand der CDU Deutschlands zum Tod von Walter Lübcke, cdu.de vom 24. Juni 2019: https://www.cdu.de/artikel/praesidium-und-bundesvorstand-der-cdu-deutschlands-zum-tod-von-walter-luebcke (abgerufen am 9. Juni 2020).
5. Urteil des Bundesverfassungsgerichtes vom 17. August 1956, 1 BvB 2/51.
6. »Gauck plädiert für ›erweiterte Toleranz‹ gegenüber rechts«, welt.de vom 29. Februar 2020: https://www.welt.de/politik/deutschland/article206222799/Joachim-Gauck-plaediert-fuer-erweiterte-Toleranz-gegenueber-AfD.html (abgerufen am 8. Juni 2020).
7. Canan Bayram am 29. Februar 2020: https://twitter.com/lieblingxhain/status/1233858857539162112 (abgerufen am 8. Juni 2020).
8. Sawsan Chebli am 29. Februar 2020: https://twitter.com/sawsanchebli/status/1233877321347674112?lang=de (abgerufen am 8. Juni 2020).
9. Sascha Lobo am 29. Februar 2020: https://twitter.com/saschalobo/status/1233835423102832640 (abgerufen am 8. Juni 2020).
10. »Haß auf Fremde und Demokratie«, in: *Der Spiegel* 12/1981 vom 16. März 1981, S. 51–60, hier: S. 51.
11. »Rechtem Populismus und rechter Hetze entschlossen entgegentreten«. Gemeinsamer Antrag von SPD, Bündnis 90/Die Grünen/SSW im schleswig-holsteinischen Landtag vom 3. Februar 2016, Landtagsdrucksache 18/3827: http://www.landtag.ltsh.de/infothek/wahl18/drucks/3800/drucksache-18-3827.pdf (abgerufen am 8. Juni 2020).
12. Zitiert nach: Roman Lehner: »Wehrhafte Demokratie oder Entmachtung der parlamentarischen Minderheit?« verfassungsblog.de vom 17. Februar 2020:

https://verfassungsblog.de/wehrhafte-demokratie-oder-entmachtung-der-parlamentarischen-minderheit/ (abgerufen am 8. Juni 2020).
13. Urteil des Bundesverfassungsgerichtes vom 9. Juni 2020, 2 BvE 1/19: https://www.bundesverfassungsgericht.de/SharedDocs/Entscheidungen/DE/2020/06/es20200609_2bve000119.html (abgerufen am 15. Juni 2020).
14. Vgl. »NPD hätte Stadthalle nutzen dürfen«, lto.de vom 3. September 2019: https://www.lto.de/recht/nachrichten/n/vg-giessen-8k2064-18gl-wetzlar-stadthalle-npd-weigerung-rechtswidrig/ (abgerufen am 8. Juni 2020).
15. Timon Dzenius am 8. Februar 2020: https://twitter.com/Dzienus/status/1226082441548435456 (abgerufen am 8. Juni 2020).
16. Schulz zu Gauland: »Auf den Misthaufen in der deutschen Geschichte gehören Sie«, spiegel.de vom 12. September 2018: https://www.spiegel.de/politik/deutschland/martin-schulz-zu-alexander-gauland-misthaufen-der-deutschen-geschichte-a-1227687.html (abgerufen am 8. Juni 2020).
17. Wanderwitz schrieb: »Ein kranker Mann, zerfressen von Hass und Dummheit. Die #AfD und #Gauland sind giftiger Abschaum.« Marco Wanderwitz am 11. November 2018: https://twitter.com/wanderwitz/status/1061710057103155200?lang=de (abgerufen am 8. Juni 2020).
18. Zitiert in: Frédéric Schwilden: »Demokraten reden jetzt schon wie Rechtsradikale«, welt.de vom 14. Februar 2020: https://www.welt.de/debatte/kommentare/article205841955/Polarisierung-Demokraten-reden-jetzt-schon-wie-Rechtsradikale.html (abgerufen am 8. Juni 2020).
19. So Gero Clemens Hocker (FDP) am 5. Juli 2018 im Deutschen Bundestag.
20. Nachlesen kann man diese Auseinandersetzung hier ab S. 4883: http://dipbt.bundestag.de/dip21/btp/19/19046.pdf (abgerufen am 8. Juni 2020).
21. In einem Schreiben an mich erklärte der Vorsitzende des Zentralrates der Sinti und Roma, Romani Rose, am 19. Dezember 2019: »Es ist eine Sache, ob jemand den Begriff ›Zigeuner‹ etwa im Kontext von -Schnitzel oder -Baron verwendet; der Zentralrat hat zu keiner Zeit ein Verbot weder der Speise noch der Operette gefordert. Wenn Herr Gauland (der sich um den Bestand eben dieses Schnitzels sorgt) ›Zigeunerschnitzel‹ essen will, dann seien ihm drei oder mehr täglich gegönnt. Etwas anderes ist die Selbstbezeichnung unserer Minderheit, die schlicht zu respektieren ist. ›Zigeuner‹ war und ist immer schon eine Fremdbezeichnung gewesen.«
22. Vgl. Hans-Jürgen Schlamp: »Nur nix Nacktes«, spiegel.de vom 30. Januar 2016: https://www.spiegel.de/politik/ausland/rohani-in-rom-aufregung-um-verhuellte-statuen-a-1074776.html (abgerufen am 8. Juni 2020).
23. Zitiert nach: »Wie sexistisch ist dieses Gedicht?« welt.de vom 30. August 2018: https://www.welt.de/kultur/article168129647/Wie-sexistisch-ist-dieses-Gedicht.html (abgerufen am 8. Juni 2020).
24. Offener Brief von 30 Einzelpersonen zum CSD-Motto »Einigkeit! Recht! Freiheit!«: Grenzenlose Vielfalt statt nationale Einfalt, queer.de vom 15. Dezember 2019: https://www.queer.de/detail.php?article_id=35108 (abgerufen am 8. Juni 2020).

25. Zitiert in: Philip Kuhn: »Patriotischer Party-Slogan spaltet schwule Community«, welt.de vom 17. Dezember 2019: https://www.welt.de/print/welt_kompakt/print_politik/article204383900/Patriotischer-Party-Slogan-spaltet-schwule-Community.html (abgerufen am 8. Juni 2020).
26. Offener Brief mehrerer Organisationen an KLust e.V., gruenekoeln.de: https://www.gruenekoeln.de/besondere-artikel/offener-brief-gruene-jugend/ (abgerufen am 8. Juni 2020).
27. Mitteilung von Bahlsen am 14. Februar 2020: https://www.instagram.com/p/B8iww5XCqj0/?hl=de (abgerufen am 8. Juni 2020).
28. Hans Leyendecker im Interview mit der ARD, zitiert nach: Rainer Brandes: »AfD-Ausschluss sorgt für Kritik«, deutschlandfunk.de vom 19. Juni 2019: https://www.deutschlandfunk.de/evangelischer-kirchentag-afd-ausschluss-sorgt-fuer-kritik.1773.de.html?dram:article_id=451697 (abgerufen am 8. Juni 2020).
29. Clara Geywitz im Gespräch mit Hans Monath: »Saskia Esken wird negativer beurteilt, weil sie eine Frau ist«, tagesspiegel.de vom 19. Januar 2020: https://www.tagesspiegel.de/politik/spd-vize-klara-geywitz-kritisiert-unfairen-umgang-saskia-esken-wird-negativer-beurteilt-weil-sie-eine-frau-ist/25449138.html (abgerufen am 8. Juni 2020).
30. Theresa Hartmann im Gespräch mit Fatina Keilani: »Deutsche Flagge nicht erwünscht«, tagesspiegel.de vom 15. Oktober 2018: https://www.tagesspiegel.de/berlin/unteilbar-demo-in-berlin-deutsche-flagge-nicht-erwuenscht/23188978.html (abgerufen am 8. Juni 2020).
31. Vgl. Martin Niewendick: »Wut auf der Wohlfühl-Demo«, welt.de vom 17. Oktober 2018: https://www.welt.de/politik/deutschland/article182221792/Unteilbar-in-Berlin-Wut-auf-der-Wohlfuehl-Demo.html (abgerufen am 8. Juni 2020).
32. Patsy l'Amour laLove: »Sprechverbote in der Queer-Szene«, tagesspiegel.de vom 1. April 2017: https://www.tagesspiegel.de/gesellschaft/queerspiegel/aktivismus-debatte-sprechverbote-in-der-queer-szene/19585896.html (abgerufen am 8. Juni 2020).
33. Die Erklärung von über 600 Filmschaffenden ist hier dokumentiert: https://www.artechock.de/film/text/artikel/2019/09_15_meuthen_mendig_erklaerung_50filmschaffende.html (abgerufen am 8. Juni 2020)
34. Jan Fleischhauer: »Job weg wegen Foto mit dem AfD-Chef. Wenn sich Kleingeister groß fühlen«, focus.de vom 13. Oktober 2019: https://www.focus.de/politik/deutschland/schwarzer-kanal/der-schwarze-kanal-wenn-sich-kleingeister-gross-fuehlen_id_11229047.html (abgerufen am 8. Juni 2020).
35. Ebd.
36. Vgl. z.B. »NDR-Mitarbeiter protestierten intern gegen Xavier Naidoo«, abendblatt.de vom 24. November 2015: https://www.abendblatt.de/vermischtes/article206711201/NDR-Mitarbeiter-protestierten-intern-gegen-Xavier-Naidoo.html (abgerufen am 8. Juni 2020).

37. Zitiert nach: Patrick Gensing: »Naidoo: Das falsche Signal«, daserste.de vom 19. November 2015: https://daserste.ndr.de/panorama/aktuell/Naidoo-Das-falsche-Signal,naidoo294.html (abgerufen am 8. Juni 2020).
38. Ebd.
39. Christian Meier: »Die lustige Liste der prominenten Naidoo-Unterstützer«, welt.de vom 28. November 2015: https://www.welt.de/vermischtes/article149388165/Die-lustige-Liste-der-prominenten-Naidoo-Unterstuetzer.html (abgerufen am 8. Juni 2020).
40. Zitiert nach: »Kurt Sagatz: Herbert Grönemeyer verteidigt Xavier Naidoo«, tagesspiegel.de vom 25. November 2015: https://www.tagesspiegel.de/gesellschaft/medien/esc-debakel-herbert-groenemeyer-verteidigt-xavier-naidoo/12635946.html (abgerufen am: 8. Juni 2020).
41. Ebd.
42. Dokumentiert bei Boris Reitschuster: »Die neue Rechte: Stalin und Mao«, reitschuster.de vom 19. Februar 2020: https://www.reitschuster.de/post/neue-rechte (abgerufen am 8. Juni 2020).
43. Zitiert in Lisa Nimmervoll: »›Schon wieder eine weiße Frau‹: ÖH protestiert gegen Alice Schwarzer«, derstandard.de vom 26. November 2019: https://www.derstandard.de/story/2000111495555/schon-wieder-eine-weisse-frau-oeh-protestiert-gegen-alice-schwarzer (abgerufen am 8. Juni 2020).
44. Vgl. »›Jetzt ist Schluss!‹, ruft Alice Schwarzer«, welt.de vom 26. November 2019: https://www.welt.de/politik/deutschland/article203825908/Oesterreich-Jetzt-ist-Schluss-rief-Alice-Schwarzer-Feministinnen-zu.html (abgerufen am 8. Juni 2020).
45. Naïla Chikhi: »Ich fragte sie, ob ich ihnen nicht muslimisch genug sei. Keine Antwort«, welt.de vom 18. Januar 2020: https://www.welt.de/debatte/plus205129536/Eklat-an-Uni-Frankfurt-Ich-fragte-ob-ich-nicht-muslimisch-genug-sei.html (abgerufen am 8. Juni 2020).
46. Urteil des Bundesverfassungsgerichtes vom 15. Februar 2006, 1 BvR 357/05: https://www.bundesverfassungsgericht.de/SharedDocs/Entscheidungen/DE/2006/02/rs20060215_1bvr035705.html (abgerufen am 8. Juni 2020).
47. Zitiert nach: Lucas Wiegelmann: »Warum Igor Levits AfD-Schelte kontraproduktiv ist«, welt.de vom 1. November 2015: https://www.welt.de/kultur/musik/article148301741/Warum-Igor-Levits-AfD-Schelte-kontraproduktiv-ist.html (abgerufen am 8. Juni 2020).
48. Igor Levit im Gespräch mit Christiane Peitz: »Meine Witze werden langsam besser!«, tagesspiegel.de vom 27. Mai 2016: https://www.tagesspiegel.de/gesellschaft/pianist-igor-levit-im-interview-wenn-ich-die-utopie-verliere-haenge-ich-meinen-beruf-an-den-nagel/13652282-2.html (abgerufen am 8. Juni 2020).
49. Vgl. »Auschwitz Komitee ehrt Pianisten Igor Levit«, zeit.de vom 12. Januar 2020: https://www.zeit.de/gesellschaft/2020-01/igor-levit-antisemitismus-pianist-ehrung-auschwitz-komitee (abgerufen am 8. Juni 2020).

50. Zitiert nach: »CDU und AfD als ›bürgerliche Koalition‹ bezeichnet – MDR entschuldigt sich«, welt.de vom 2. September 2019: https://www.welt.de/politik/deutschland/article199533240/CDU-und-AfD-als-buergerliche-Koalition-bezeichnet-MDR-entschuldigt-sich.html (abgerufen am 8. Juni 2020).
51. Stefan Niggemeier am 1. September 2019: https://twitter.com/niggi/status/1168196215277797376 (abgerufen am 8. Juni 2020).
52. Arnd Henze am 1. September 2019: https://twitter.com/arndhenze/status/1168199694020960256 (abgerufen am 8. Juni 2020).
53. Der Ostbeauftragte der Bundesregierung, Christian Hirte, sprach von einer »ungeschickten, aber auch total unpassenden Bemerkung«. Zitiert nach: »MDR entschuldigt sich für Wortwahl von Moderatorin«, zeit.de vom 2. September 2019: https://www.zeit.de/kultur/film/2019-09/wiebke-binder-mdr-landtagswahl-entschuldigung (abgerufen am 9. Juni 2020)
54. So SPD-Generalsekretär Lars Klingbeil gegenüber der *Bild*-Zeitung, zitiert in: »Kritik an Moderatorin Binder wegen Wortwahl in Wahlsendung«, fr.de vom 2. September 2019: https://www.fr.de/politik/kritik-an-moderatorin-binder-wegen-wortwahl-in-wahlsendung-zr-12964997.html (abgerufen am 9. Juni 2020).
55. Zitiert in: »Waldorfschule lehnt Kind ab, weil sein Vater in der AfD ist«, sueddeutsche.de vom 17. Dezember 2018: https://www.sueddeutsche.de/bildung/waldorfschule-afd-berlin-1.4257213 (abgerufen am 8. Juni 2020).
56. Vgl. Till Randolf Amelung: »Ein Safe Space kann nur eine Utopie sein«, tagesspiegel.de vom 22. Mai 2017: https://www.tagesspiegel.de/gesellschaft/queerspiegel/schutz-vor-diskriminierungen-ein-safe-space-kann-nur-eine-utopie-sein/19836850.html (abgerufen am 8. Juni 2020).
57. Fachschaftsinitiative Gender Studies: Statement zum Rauswurf von R. vom 13. September 2015: https://genderini.wordpress.com/2015/09/13/statement-zum-ausschluss-von-r/ (abgerufen am 8. Juni 2020).
58. Ebd.
59. Kommentar von Kristin Joachim in den ARD-Tagesthemen am 18. Juli 2019: https://www.tagesschau.de/multimedia/video/video-569639.html (abgerufen am 8. Juni 2020).
60. Kommentar von Lorenz Beckhardt in den ARD-Tagesthemen am 29. Juli 2019: https://www.tagesschau.de/multimedia/video/video-574353.html (abgerufen am 8. Juni 2020).
61. Vgl. z. B. Sabine Merkelt-Rahm: »Nichts ist wirklich prima beim Klima«, kirche-duisburg.de vom 18. März 2019: https://www.kirche-duisburg.de/1739kanzelredekge.php (abgerufen am 8. Juni 2020)
62. Nachzulesen ist die Plenardebatte vom 28. Juni 2019 hier ab S. 13439: http://dip21.bundestag.de/dip21/btp/19/19108.pdf (abgerufen am 9. Juni 2020).
63. Zitiert in: Till Behrend: »Darm-Atmer im Amt«, focus.de vom 27. Oktober 2003: https://www.focus.de/politik/deutschland/schleswig-holstein-darm-atmer-im-amt_aid_193359.html (abgerufen am 8. Juni 2020).

Die Verletzlichkeit der Meinungsfreiheit

1. Vgl. z. B. »240 000 demonstrieren gegen Hass – Veranstalter überwältigt«, welt.de vom 14. Oktober 2018: https://www.welt.de/politik/deutschland/article182036486/Unteilbar-in-Berlin-240-000-demonstrieren-gegen-Hass-Veranstalter-ueberwaeltigt.html; Gerhard Lehrke: »#unteilbar-Demo: 240 000 Demonstranten setzen Zeichen gegen Rassismus«, berliner-zeitung.de vom 13. Oktober 2018: https://www.berliner-zeitung.de/mensch-metropole/unteilbar-demo-240000-demonstranten-setzen-zeichen-gegen-rassismus-li.28792; Veronika Wulf: »Berlin setzt ein Zeichen gegen Rechts«, sueddeutsche.de vom 13. Oktober 2018: https://www.sueddeutsche.de/panorama/demonstration-unteilbar-berlin-setzt-ein-zeichen-gegen-rechts-1.4168942 (alle abgerufen am 8. Juni 2020).
2. Greta Thunberg am 7. Dezember 2019: https://twitter.com/GretaThunberg/status/1203254733466718208 (abgerufen am 8. Juni 2020).
3. Luisa Neubauer am 6. Dezember 2019: https://twitter.com/Luisamneubauer/status/1203030248004210695 (abgerufen am 8. Juni 2020).
4. Bärbel Höhn am 6. Dezember 2019: https://twitter.com/BaerbelHoehn/status/1203070450701656064 (abgerufen am 8. Juni 2020).
5. Greenpeace am 6. Dezember 2019: https://twitter.com/Greenpeace/status/1203052882859352064 (abgerufen am 8. Juni 2020).
6. Malte Kreutzfeldt: »Groß, größer, unglaubwürdig«, taz.de vom 14. Dezember 2019: https://taz.de/Klimaproteste-in-Madrid/!5646035/ (abgerufen am 9. Juni 2020).
7. Vgl. hierzu auch Ulf Poschardt: »Zahlen, die unerwähnt bleiben«, welt.de vom 16. Dezember 2019: https://www.welt.de/debatte/kommentare/plus204363294/Klimaaktivismus-Zahlen-die-unerwaehnt-bleiben.html (abgerufen am 9. Juni 2020).
8. Werner Kolhoff: »Liberales Schiff und das Treiben zum rechten Ufer«, *Nordsee-Zeitung* vom 14. Mai 2020.
9. Peter Pomerantsev im Gespräch mit Julia Smirnova, welt.de am 13. Mai 2020: https://www.welt.de/politik/ausland/plus207734449/Fake-News-Verschwoerungstheorien-gegen-Gefuehl-der-Machtlosigkeit.html (abgerufen am 9. Juni 2020).
10. »Wie wir Covid-19 unter Kontrolle bekommen«, Strategiepapier des Bundesinnenministeriums: https://fragdenstaat.de/dokumente/4123-wie-wir-covid-19-unter-kontrolle-bekommen/ (abgerufen am 9. Juni 2020).
11. »Nicht der Zeitpunkt, über Lockerung der Maßnahmen zu sprechen«, tagesspiegel.de vom 27. März 2020: https://www.tagesspiegel.de/politik/einschraenkungen-wegen-coronavirus-pandemie-nicht-der-zeitpunkt-ueber-lockerung-der-massnahmen-zu-sprechen/25688324.html (abgerufen am 9. Juni 2020).

12. »Ist der Journalismus zu lange den Virologen gefolgt?«, The Curve. Leben in der Corona-Welt vom 6. Mai 2020: https://coronacurve.podigee.io/5-journalismusundvirologen (abgerufen am 9. Juni 2020).
13. Vgl. z.B. Jan Drebes: »Umwelt-Sachverständige wollen Vetorecht für Gesetze«, rp-online.de vom 25. September 2019: https://rp-online.de/politik/deutschland/berlin/umwelt-sachverstaendige-wollen-vetorecht-fuer-gesetze_aid-46044865 (abgerufen am 9. Juni 2020).
14. Hendrik Streeck am 11. Juni 2020 in der Sendung Maybritt Illner, zitiert nach: Josef Seitz: »Top-Virologe Streeck im TV: ›Man traut sich seine Meinung nicht mehr zu sagen‹«, focus.de vom 12. Juni: https://www.focus.de/kultur/kino_tv/focus-fernsehclub/tv-kolumne-maybrit-illner-top-virologe-streeck-im-tv-man-traut-sich-seine-meinung-nicht-mehr-zu-sagen_id_12091570.html (abgerufen am 15. Juni 2020).
15. Pascal Beucker: »Die FDP spielt bewusst mit dem Feuer«, taz.de vom 30. August 2018: https://taz.de/Kommentar-Kubicki-zu-Chemnitz/!5529319/ (abgerufen am 9. Juni 2020).
16. »Wolfgang Kubicki wegen Aussagen zu Chemnitz in der Kritik«, zeit.de vom 29. August 2018: https://www.zeit.de/politik/deutschland/2018-08/sachsen-chemnitz-andrea-nahles-wolfgang-kubicki (abgerufen am 9. Juni 2020).
17. Phoenix Nachgefragt mit Robin Alexander vom 3. September 2018: https://www.youtube.com/watch?v=-fgnCIMR2wI (abgerufen am 9. Juni 2020).
18. Nachzulesen ist die gesamte Bundestagsdebatte vom 23. Oktober 2019 hier, ab S. 14833: http://dip21.bundestag.de/dip21/btp/19/19120.pdf (abgerufen am 9. Juni 2020).

Die politische Arena

1. Vgl. z.B. Ulrich Exner: »Die besseren Populisten«, welt.de vom 30. April 2017: https://www.welt.de/politik/deutschland/plus164128059/Die-besseren-Populisten.html (abgerufen am 9. Juni 2020).
2. Bericht des Parlamentarischen Untersuchungsausschusses zur Aufklärung von eventuell rechtswidrigen Handlungen und Unterlassungen des Ministerpräsidenten Dr. Barschel, der Mitglieder, Mitarbeiter und Helfer der Landesregierung gegen zum 11. Landtag kandidierende Parteien und ihre Repräsentanten, Landtagsdrucksache 11/66 vom 5. Februar 1988, hier. S. 1: https://www.landtag.nrw.de/portal/WWW/dokumentenarchiv/Dokument/QQD11-66.pdf (abgerufen am 9. Juni 2020).
3. Ebd., S. 1 f.
4. Rede von Carlo Schmidt am 8. September 1948 im Parlamentarischen Rat. Abgedruckt in: »Der Parlamentarische Rat 1948–1949. Akten und Protokolle. Band 9: Plenum.« Bearbeitet von Wolfram Werner, München 1996, S. 20–45, hier: S. 36.

5. Urteil des Bundesverfassungsgerichtes vom 7. November 2017, 2 BvE 2/11: https://www.bundesverfassungsgericht.de/SharedDocs/Entscheidungen/DE/2017/11/es20171107_2bve000211.html (abgerufen am 9. Juni 2020).

Die fortwährende Aufgabe der Demokraten

1. Vgl. Sven Becker und Frank Hornig: »Regieren nach Zahlen«, in: *Der Spiegel* 37/2014 vom 8. September 2014, S. 20 ff.
2. Vgl. z. B. Kai Winderl: »Studie zeigt: Umfragen haben Einfluss auf die Kommunikation von Angela Merkel und ihr Kabinett«, swp.de vom 19. Mai 2020: https://www.swp.de/panorama/bundesregierung-deutschland-studie-zeigt_-umfragen-haben-einfluss-auf-die-kommunikation-von-angela-merkel-und-ihr-kabinett-Corona-Deutschland-aktuell-46353862.html (abgerufen am 9. Juni 2020).

Nachwort

1. Kurt Sagatz: »Schadet ›Don Alphonso‹ dem Medienpreis Parlament?« tagesspiegel.de vom 14. August 2020: https://www.tagesspiegel.de/gesellschaft/medien/kritik-an-welt-autor-rainer-meyer-schadet-don-alphonso-dem-medienpreis-parlament/26092364.html (abgerufen am: 17. August 2020).
2. »Gegen ›Tugendterror‹ und Vorschriften für Gendersprache«, stuttgarter-zeitung.de vom 2. August 2020: https://www.stuttgarter-zeitung.de/inhalt.ministerpraesident-kretschmann-gegen-tugendterror-und-vorschriften-fuer-gendersprache.834b77ab-9515-4f12-9a47-95ec4a511bab.html (abgerufen am: 17. August 2020).